主办单位：重庆市教育评估院

编辑委员会（按姓氏笔画排名）

冯　晖　刘乡英　刘云生　刘红云
孙杰远　陈瑞生　胡　方

尺正明信·和合共生

刘云生　主编

教育评价研究

EDUCATIONAL EVALUATION STUDIES

（第1期）

社会科学文献出版社
SOCIAL SCIENCES ACADEMIC PRESS (CHINA)

尺者，定标尺兮，臻科学之境；正者，尚正气兮，祛偏狭之私；明者，勇迈明兮，除暗箱之弊；信者，重信实兮，得众人之心。和者，和于世兮，担天下之责；合者，合于情兮，修谦厚之德；共者，共于事兮，行合作之道；生者，生于创兮，成未来之功。

凝聚价值共识　开创美好未来
——写在《教育评价研究》发刊之际

刘云生

当今世界正经历百年未有之大变局，国际体系和国际秩序深度调整，人类文明发展面临的新机遇新挑战层出不穷，不确定不稳定因素明显增多。新冠疫情、全球变暖等显示出自然对人类生存和发展的复杂影响，发达经济体与新兴经济体之间的博弈而引起全球经济板块的重构，国际力量的战略性较量给国际秩序带来严峻挑战，新的科技革命浪潮出现强化了技术封闭并催生产业链危机。

中国正处在中华民族伟大复兴的战略大局中，迎来了从站起来、富起来到强起来的伟大的历史性飞跃，伟大复兴的前景十分光明。在全面建成社会主义现代化强国、实现第二个百年奋斗目标的征程中，应对和破解新征程中的大国博弈、经济转型、环境治理、科技"卡脖子"等重大矛盾、重大挑战、重大风险和重大阻力，任务十分繁重。

"两个大局"交互连接与影响所带来的诸多挑战和不确定性，是深层次的不同价值体系的系统性碰撞和战略性博弈所产生的。而教育是应对诸多挑战和不确定性的关键手段，是促进人类文明和社会进步义不容辞的使命和责任，是促进世界色彩纷呈的文明、价值观相互对话、理解和融合的不可忽视的重要力量。面对世界的动荡、危机和变革，我们必须站在人类命运共同体的立场上，重新界定教育这一人类共同利益，重新审视当前教育发展的格局，重塑肩负共创世界美好未来的教育。面对实现中华民族伟大复兴中国梦的历史关键时期，我们更要加快建设教育强国，为全面建设社会主义现代化国家提供基础性和战略性支撑。

基于此，我们需要深度思考：什么样的教育才具有人类命运共同体所需要的样态？如何推动这样的教育得以落实？如何判断我们正在实践这样的教育，或是否真正地培养了我们需要的人才及达成了这样的教育？而教育评价的探索、创新、改革与实践，无疑是这些问题得以解答的必要行动，是开创未来、提供最佳可能的重要工具。

深化教育评价研究，凝聚价值共识。评价，在本质上是一种价值操作。价值是教育评价永远离不开的主轴。自哥伦布发现新大陆，世界在地理意义上逐步形成了整体，但不同形态文明在交流与融汇中不断产生碰撞，价值多元甚至冲突的存在已是常态。教育评价的研究立足于世界长期存在的动荡、危机、挑战和机遇等，发现、筛选、创生全人类共同价值，并将其纳入各国教育体系，必将在未来一代代中凝聚人类命运共同体的价值共识，确保人类行稳致远。

深化教育评价研究，彰显中国智慧。世界的长期动荡和价值冲突，宣告了西方"普世价值"的破产。纵有亨廷顿文明冲突论的深刻预见、涂尔干的"共同意识"、罗尔斯的"重叠共识"等学者的探索，但均存在在全球范围内实践的某种限度。习近平总书记高瞻远瞩地提出"推动建设人类命运共同体"的倡议，彰显了推动世界和平发展和公正合理的国际秩序的中国智慧和方案。深化教育评价研究，为不同国家和地区之间关于教育价值、教育质量、教育公平等的合作和交流提供基础和契机，培养跨文化的理解和认知。在构建人类命运共同体教育的进程中，推动"己所不欲，勿施于人""大道之行也，天下为公"的中国智慧纳入新世界观教育、全人类共同价值观教育中。

深化教育评价研究，促进人的全面发展。《共产党宣言》旗帜鲜明地指出："代替那存在着阶级和阶级对立的资产阶级旧社会的，将是这样一个联合体，在那里，每个人的自由发展是一切人的自由发展的条件。"实现人的全面发展是马克思主义的根本价值追求。而教育承担着为党育人、为国育才的重任。教育评价是教育发展的指挥棒，事关教育发展的方向，理所应当地牵引教育着力培养全面且自由发展的人。教育评价的研究，就是要寻找扭转教育评价功利化倾向的办法，要与时代脉搏共振，为经济社会发展提供精准服务，要推动教育回归育人本位，以培养能够担当中华民族伟大复兴重任的时代新人。

今天，由重庆市教育评估院创办、社会科学文献出版社出版的教育评价领域的学术性集刊《教育评价研究》诞生了，正是怀揣着这样的梦想而来。重庆市教育评估院成立于2009年，是集教育监测、评估、认证于一体的教育评价专业机构，近年来在深耕重庆、服务全国、走向世界上迈出可喜步伐。社会科学文献出版社成立于1985年，是直属于中国社会科学院的人文社会科学专业学术出版机构。院社合作，以集刊之微力深化教育评价研究，虽在"两个大局"中如秉烛前行，但坚信星星之火可以燎原，聚微光也可以成白昼。

《教育评价研究》秉持"评价育人、美好未来"的理念,刊发国内外关于教育评价方面的高水平学术论文、典型案例、研究报告等,旨在立足我国教育评价发展实际,紧跟世界教育评价发展趋势,聚焦教育评价的研究前沿,推动教育价值理想与现实对接、中国式教育评价与世界教育评价对话、教育世界与人类社会对焦,深化教育评价的理论研究与实践创新,繁荣教育评价学科发展,服务教育实践。

愿海内外学界广大同仁和教育实践者踊跃为《教育评价研究》赐稿,贡献教育评价智慧、经验和力量,为跌宕的世界凝聚价值共识,为人类永续发展开创美好未来!

(作者系重庆市教育评估院书记、院长)

目　录

第五代教育评价：迭代与发展 …………………… 刘云生 / 1
 一　前四代教育评价的迭代历史与逻辑 ………………… / 3
 二　第五代教育评价的条件成因与方位 ………………… / 11
 三　第五代教育评价的理论生成与框架 ………………… / 16
 四　第五代教育评价的发展路向与变革 ………………… / 21

教育未来学视域下未来教育的

评价要素分析 ………………………… 孙杰远　于　玲 / 31
 一　未来教育的评价要素概念 ……………………… / 32
 二　未来教育的基本评价要素 ……………………… / 36
 三　未来教育的评价要素作用关系 ………………… / 42
 四　从评价要素看未来教育发展 …………………… / 46

改革开放以来我国教育评价制度的发展历程、
实践进展与改革路向 ·················· 司林波　王伟伟 / 57
一　改革开放以来我国教育评价制度的发展历程 ············ / 58
二　改革开放以来我国教育评价制度发展的实践进展 ······ / 61
三　新时代我国教育评价制度的改革路向 ·················· / 78

教育评价的实践路径 ··················· 冯　晖　刘　磊 / 87
一　历史维度：教育评价的发展脉络 ························ / 90
二　形势维度：教育评价的新使命和新任务 ················ / 97
三　项目维度：教育评价实践的规范路径 ·················· / 106

地方高校教育评价改革的现实图景与推进建议 ·········· 李中国 / 122
一　地方高校教育评价改革进展成效 ························ / 123
二　地方本科高校教育评价改革存在的不足 ················ / 131
三　地方高校教育评价改革推进建议 ························ / 139

评价育人：政策、理论与实践三重逻辑 ················ 陈瑞生 / 150
一　评价育人的政策逻辑 ····································· / 151
二　评价育人的理论逻辑 ····································· / 159
三　评价育人的实践逻辑 ····································· / 168

学校体育发展的评估：公平视角 ······················ 张　朋 / 185
一　学校体育发展的时代诉求：以公平为核心 ············ / 187

二　学校体育发展"公平"性评估的

　　三个维度及其基本内涵 …………………… / 190

三　学校体育发展公平缺失问题的表征与危害 ……… / 196

四　学校体育发展公平缺失的原因 …………………… / 207

五　学校体育公平发展的实现路径 …………………… / 212

六　结论 ……………………………………………… / 217

改革与创新：书写教育评价新篇章

　………………………… 张晓亮　贾　玲　周师宇 / 224

一　理论迭代：以育人为本位的价值回归 …………… / 225

二　制度变革：以评价牵引教育综合改革 …………… / 229

三　价值延伸：自主人才培养与赋能发展 …………… / 232

四　主题转变：聚焦全面科学的教育质量 …………… / 236

五　手段创新：智能技术助力未来评价 ……………… / 239

《教育评价研究》学术辑刊 2023 年征稿启事 ………………… / 244

第五代教育评价：迭代与发展

刘云生[*]

摘　要：现代教育评价迭代遵循外驱逻辑、内生逻辑和质变逻辑，经济社会、文化思潮、教育实践等要素相互作用构成其外驱动力，教育评价本质特征、价值定位、行为样态、结果使用等内在要素相互作用构成其内生动力，内外因素相互作用推动其从量变到质变迭代前行。测量、描述、判断、建构四代教育评价发端、发展于西方国家。第五代教育评价尽管由前四代评价迭代而来，但在百年变局规则重构、文化自信价值回归、教育高质量发展要求、教育评价改革创新等多种因素驱动下，必将在中国实现其迭代发展。第五代教育评价在本体论上突出"创生价值"，在价值论上突出"育人本位"，在实践论上突出"智能特征"，在关系论上突出"服务取

---

[*] 刘云生，重庆市教育评估院书记、院长、研究员。

向"。在中国发展第五代教育评价必须基于中国国情、教情及教育评价实际，政策导向上变重"管治手段"为重"公共服务"，体系构建上变重"考核奖惩"为重"评价育人"，模式创新上变重"单点突破"为重"系统推进"，功能发挥上变重"鉴定识别"为重"赋能创生"，走中国式发展道路。

关键词： 第五代教育评价　迭代　创生　评价育人　公共服务

《深化新时代教育评价改革总体方案》（以下简称《总体方案》）指出，教育评价事关教育发展方向。这是基于涵盖考试、测评、评估、认证等总括意义上的教育评价所作出的论断。在此意义上，教育评价本身发展的方向更具前提性、引领性和战略性价值。《总体方案》出台前的2019年，笔者从现代教育评价发展历史的角度提出，超越西方测量、描述、判断、建构四代教育评价，迭代升级到第五代已是大势所趋[1]，并依托重庆市教育评估院牵头探索第五代教育评价，目前初步实践已引起广泛关注[2][3]。但经文献检索发现，关于第五代教育评价的研究还未形成系统理论。深入研究第五代教育评价，厘清它"从哪儿来""到哪里去""怎么去""为什么去"等迭代与发展问题，无疑对深化新时代教育评价改革具有重要的理论和实践意义。

一 前四代教育评价的迭代历史与逻辑

第五代教育评价是现代教育评价发展到一定阶段的产物，其迭代与发展逻辑需从前四代教育评价发展历史中去探寻。

中外学者尝试过从概念变化、哲学基础、理论发展、评价运动、研究进展等多个角度对现代教育评价发展历史进行阶段划分，其中影响最大的莫过于美国学者古贝（Egon G. Guba）和林肯（Yvonna S. Lincoln）在《第四代评估》一书中所作的代际划分，从宏观的角度将教育评估分为四代：测量时代、描述时代、判断时代、建构时代。[4]尽管其划分也遭遇过不少批评，但连批评者也不得不承认，"他们对评估理论模式的历史进行全面介绍并对各个发展阶段及其核心要素按照历史的顺序进行归类，还是值得称赞的"[5]，其根本原因在于这样的划分揭示了教育评价迭代与发展逻辑，也适用于总括意义上的教育评价。

迭代最初是源于数学领域的一个专有名词，是数学中的一种算法，是指将初始值经过相应公式进行计算后得到新的值，并通过相同方法对新的值进行计算，经过几次反复计算得到最终结果的一种方法，后引申到经济、政治、文化、社会等多个领域，"真正内涵是升华，是积累，是总结，是量变到质变再到量变的过程，每一次迭代都是站在新的起点上的再开始"[6]。教育评价迭代是内外因素相互作用促进其质量互变的过程，遵循外驱逻辑、内生逻辑和质变逻辑（见图1）。

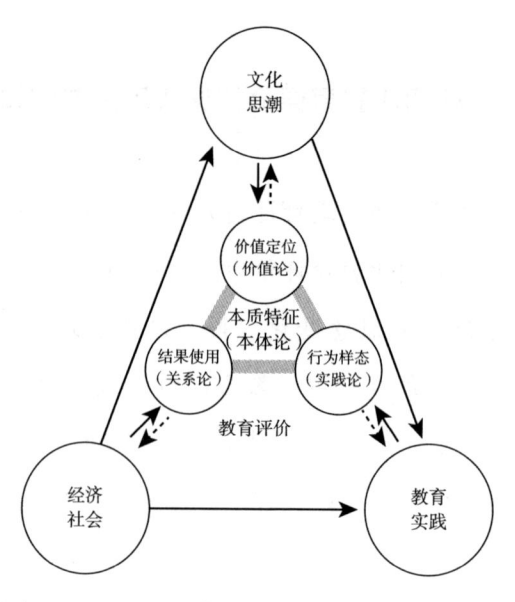

图 1　教育评价迭代逻辑

（一）教育评价迭代的外驱逻辑

教育评价是一种社会现象，受经济社会、文化思潮和教育实践制约和影响。经济社会为教育评价提供物质基础和外在需求，文化思潮为教育评价提供认识基础和价值选择，教育实践为教育评价提供实践基础和内在需求。经济社会决定文化思潮和教育实践，文化思潮影响教育实践，教育实践服务经济社会和文化思潮变迁，共同作用于教育评价；反过来，教育评价赋能教育实践，回应经济社会需求，反哺文化思潮发展。因此，教育评价迭代是"经济社会—文化思潮—教育实践"相互作用改变教育评价基础、需求和选择的过程。这可从前四代教育评价迭代的外因中得到印证（见表1）。

表 1　前四代教育评价迭代的外因分析

迭代	第一代	第二代	第三代	第四代
经济社会	19世纪末至20世纪初，世界第一强国从英国向美国转移，大量移民涌入美国	20世纪20年代严重经济危机、三四十年代二战等引发社会对教育价值和社会效果的反思	20世纪40年代末至80年代，世界陷入冷战，苏联卫星上天等一系列重大事件，使人们更加注重教育的国家效用	20世纪90年代初苏联解体，冷战结束；社会市场化、"重塑政府"运动等要求教育重视人的民主和个体价值
文化思潮	处于基于经验的客观主义时期：科学管理运动流行；行为主义学习理论兴起	处于基于目标的科学主义时期：实用主义思潮盛行；认知主义心理学兴起	处于基于证据的人文主义时期：国家主义意识形态走强；实证主义仍占上风，人文主义方法论萌芽	处于基于价值的建构主义时期：新公共管理运动流行；人本主义思潮、后现代主义先后登场
教育实践	筛选低常儿童到特殊学校；测验区分学生，按照潜能安置学生	泰勒"八年研究"，掀起进步主义教育运动	美国推出《初等与中等教育法》等系列法案，实施处境不利青少年教育计划等	颁布《美国2000年教育战略》《不让一个儿童落后法案》，实施中小学课程改革工程等
教育评价	测量	描述表现与目标的一致程度	专业判断	协商建构

前四代教育评价受经济社会发展变迁的影响十分明显。第一代评价要回应世界强国从英国向美国转移背景下的移民入学问题，通过测量实施学生分层安置。第二代评价要回应严重的经济危机和二战等对教育社会价值和效果的需求，注重描述目标和结果的一致程度。第三代评价要回应冷战对教育的国家效用的强烈要求，注重对教育决策效果的价值判断。第四代评价要回应冷战后社会市场化、"重塑政府"运动等催生的个人和民主价值诉求，注重协商建构。很显然，前四代教育评价迭代经历了"教育本体为主→社会需求为

主→国家效用为主→人的需要为主"的过程，人的突围与本质回归贯穿其中，人的突围表现在人与教育、社会、国家的关系在教育评价中不断延展，但每一次延展都是对人的本质的一次回归，最终回归到人的本体价值上。可以说，教育评价迭代在经济社会驱动下走了一条人的本质回归曲线。

"价值"是教育评价永远离不开的主轴。文化思潮关乎价值变迁，对教育评价的影响是绵密的。前四代教育评价始终围绕现代与后现代的文化思潮展开：第一代建基于经验的客观主义，第二代建基于目标的科学主义，第三代建基于证据的人文主义，第四代建基于价值的建构主义。教育评价从客观主义到科学主义，现代主义得到充分发展，源自现代主义但又反叛现代主义的后现代主义，接续走出了从人文主义到建构主义的舞步，"现代性反思"贯穿到迭代过程中，决定着教育评价的价值选择。

教育实践是教育评价的对象，教育评价本身也是一种教育实践，所以，教育实践对教育评价的驱动是直接的、现实的。前四代教育评价是在解决教育实践的主要矛盾中迭代的：第一代因教育分层普及而测量，第二代因教育质量达标而描述，第三代因教育决策管理而判断，第四代因教育民主公平而建构。也就是说，教育评价始终要为解决教育主要矛盾服务，随着教育主要矛盾的转移而迭代。

经济社会、文化思潮、教育实践等要素相互作用，构成了教育评价的外驱动力，这些外驱动力紧紧围绕人展开，教育评价则因人的本质回归、价值变迁、"自我建构的实践活动"[7]的矛盾变化而迭代与发展。

（二）教育评价迭代的内生逻辑

教育评价是一种教育行为，整体面貌是由本质特征、价值定位、行为样态、结果使用等形塑的。其本质特征是关于"评价是什么"的问题；价值定位是关于"为何而评价"的问题；行为样态是关于"谁来评价""评价什么""何时评价""如何评价"的问题；结果使用是关于"评价后怎么办"的问题。教育评价迭代实质上是"本质特征—价值定位—行为样态—结果使用"相互作用、发展演变的过程。其中，本质特征起决定性作用。这可从前四代教育评价迭代的内因分析中得到印证（见表2）。

表2 前四代教育评价迭代的内因分析

迭代		第一代	第二代	第三代	第四代
本质特征		发现价值	确认价值	断析价值	赋予价值
价值定位		工具为本位	目标为本位	决策为本位	共识为本位
行为样态	谁评	评价者单一主体	评价者单一主体	评价者单一主体	多元主体（评价者与利益相关者）
	评谁	学习结果	教育状况	教育社会价值	价值多元社会里的教育
	评什么	注重"量"	注重"质"	注重"质""量"统一	在"质""量"统一的基础上更关注"场"
	何时评	有了结果后	有了结果后	有了结果后	过程中与结果后
	如何评	测量	描述	判断	协商建构
结果使用		鉴定取向	证明取向	咨政取向	回应取向

前四代教育评价之所以称为"代"，是因为每一代都有每一代的本质特征。第一代认为，凡存在的东西都有数量，凡有数量的东西都可以测量。对学习结果的测量是依据一定标准作出事实判断并

进行赋值的过程。标准是价值的具体体现，测量不可避免地要基于标准去发现事物本身的价值，只不过这种发现用"量"来表达，因此，测量也是发现价值的过程。第二代描述教育表现与目标的一致程度，是确认价值的过程。第三代为决策提供有用信息作出专业判断，是断析价值的过程。第四代是协商建构，古贝和林肯认为，评价是一种"心理建构"，但在实际评价活动中不同人在不同环境中共同协商形成评价结果，实质上已经属于"社会建构"了。协商建构是不同的人赋予被评价对象价值的过程。尽管这四代评价并没有离开"价值"这个主轴，但其本质特征在发生变化：发现价值—确认价值—断析价值—赋予价值，越来越丰富、完善和复杂。

由于本质特征发生了变化，前四代教育评价的价值定位也随之变化。第一代秉持工具本位，把评价作为测量学生的工具。第二代秉持目标本位，评价是为了描述教育目标是否达成。第三代秉持决策本位，评价是为决策提供专业判断。第四代秉持共识本位，评价成为协商建构的过程。价值定位变迁遵循了从外向内深入的逻辑：工具（手段）—目标—决策—共识（观念），内聚是其变迁的典型特征。

教育评价价值定位的变化必然带来行为样态的变化。在"谁来评价"上，从第一、二、三代排除被评价者，到第四代让被评价者参与评价、协商建构。在评价对象上，第一代重在对学习结果的测量，第二代重在对教育状况的描述，第三代重在对教育社会价值的判断，第四代重在价值多元社会里的教育。其变化遵循了从小到大扩展的逻辑，具有折叠创新性质，每一次迭代都涵盖了前一代的内容，并在此基础上叠加创新性内容，外延扩展是其显著特征。在评价内容上，第一代注重"量"，第二代注重"质"，第三代注重"质""量"统一，第四代在"质""量"统一的基础上更关注"场"，注重教育场景中的人携手建构价值认知。在何时评价上，前三代总是在教育活动告一段落后开展，第四代则将过程评价与结果评价结合起来。在如何评价上，第一代测量，第二代描述，第三代判断，第四代协商建构，评价的方式越来越丰富复杂。

与此对应的是教育评价结果使用的变化。第一代用于鉴定，区分学生学习效果的优劣；第二代用于证明，证明教育结果是否与目标一致；第三代用于咨政，为改进教育决策和实践提出意见和建议；第四代用于回应，回应教育评价利益相关者的诉求。鉴定和证明属于判定价值，咨政和回应属于促成价值，前四代教育评价迭代遵循了多维展开的逻辑，从"关于教育的评价"向"促进教育的评价"升级。

教育评价的本质特征、价值定位、行为样态、结果使用等内在要素相互作用，内聚与外扩的矛盾演变，构成了迭代的内生动力。其中，不同本质特征的涌现是核心，价值定位的位移是关键，行为样态和结果使用的变化是其表现。

（三）教育评价迭代的质变逻辑

教育评价之所以是评价，是由其本质所决定的。尽管人们对评价的本质有不同认识，但都没有离开"价值"这个主轴，把评价看作"泛在的价值操作过程"[8]，是有广泛共识的。本质指事物本身所固有的根本属性，只要这个事物存在就不会变，但本质特征是组成其事物独具个性并起支配作用的存在或物质现象，是可以在本质限度内发生变化的。也就是说，教育评价是"价值操作"的本质是不变的，没有不涉及价值的评价，但其本质特征可以随着"价值操作"的内容和形式等的变化而变化。

教育评价本质特征变化是其外驱动力和内生动力共同作用的结果。经济社会、文化思潮、教育实践等要素是外因，教育评价本质特征、价值定位、行为样态、结果使用等要素是内因，外因通过内因起作用，不断变化的经济社会、文化思潮、教育实践推动着教育评价价值定位、行为样态、结果使用发生变化，当变量经过较长时间积累到一定程度，往往会在教育评价的某个重要事件中引发质变，即教育评价本质特征的变化，迭代就实质性发生了。迭代一旦发生，又反过来推动教育评价价值定位、行为样态、结果使用"跃迁"，形成新的模式。由此可见，教育评价每完成一次迭代，都是其本质特征深刻变革的结果。前四代教育评价本质特征变化始终围绕"价值"展开，是"价值操作"不断扩容的过程，从发现价值到确认价值，从断析价值到赋予价值，每一次迭代都是教育评价本质特征嬗变、折叠创新的过程。

根据教育评价本质特征的变化，可对现代教育评价发展的历史阶段作出清晰的划界。基于测量"发现价值"，可将第一代起始点确定在赖斯（Rice）进行"无效的拼写炼狱"测试的1897年。基于描述"确认价值"，可将第二代起始点明确为泰勒开展"八年研究"的1933年。基于判断"断析价值"，可将第三代起始点确定为克隆巴赫在批评泰勒行为模式基础上提出决策模式的1963年。基于建构"赋予价值"，可将第四代起始点明确为斯泰克（Stake）提出响应式评价的1975年，对利益相关者的"主张""焦虑""争议"等作出回应,并协商一致。

值得特别指出的是,1989年古贝和林肯提出第四代评价理论后不久,马坦(B. Marten)便提出第五代评价[9]。但仔细分析不难发现,在价值定位上,马坦的评价着眼整体,强调通过评价实践中的数据探求知识服务社会,与古贝和林肯强调形成知识相比向前迈了一步,但均在建构共识的范围之内;在行为样态上,建立社会建构主义的评价框架,通过教育中利益相关方的"行动研究"(Action Research)来进行评价,与古贝和林肯注重心理建构相比更加注重社会建构,但都在建构的范围之内;在结果使用上,注重通过行动研究使评价、决策、行动融为一体,与古贝和林肯注重回应相比更加深化;更重要的是,在本质特征上,把评价视为一种沟通、一种研究,实质上依然是赋予教育现象以价值,仍在古贝和林肯所说第四代教育评价范畴之中。

通过中国知网统计显示,截至2018年底,关于"第四代评价"的学术论文有229篇,但关于第五代评价的检索只有马坦的说法;在外文学术库搜索,几乎不见其踪影,这从学术研究的角度印证了2019年以前我们依然处于第四代教育评价实践时期。2019年以后,国内关于第五代教育评价理论已经有一些自己的表述,如提出了"立体评价""智能评价""融合评价"等新概念[10],意味着第五代评价进入真正的探索期。

二 第五代教育评价的条件成因与方位

前四代教育评价发端、发展于西方国家。当今中国正日益走近世界舞台中央，第五代教育评价尽管由前四代教育评价迭代而来，但必将在中国实现其迭代发展，新时代中国教育评价改革也将以此为形成性目标[11]，为世界教育评价改革和发展提供中国方案，发出中国声音。

（一）百年变局规则重构使然

习近平总书记2018年指出："当前，我国处于近代以来最好的发展时期，世界处于百年未有之大变局，两者同步交织、相互激荡。"[12]百年变局表现在两个方面：一是世界变局，"东升西降"的力量对比变化，"科技革命带动生产力的变革，新冠肺炎疫情带来全球治理变革，中国作为也带来世界政治认知变革"[13]，全球的结构性、系统性变化正在加速推进；二是中国崛起，引领世界直面各种挑战，构建人类命运共同体。"两者同步交织、相互激荡"，必然涉及世界秩序结构中规则结构的大变局，原来的世界规则主要是由西方制定的，中国仅仅是参与者；但今天的中国，正如中国共产党第二十次代表大会所言，"稳步扩大规则、规制、管理、标准等制度型开放"[14]，已经逐步发展成为重要的规则贡献者，可以对世界秩序和规则的制定发挥更多的作用，成为名副其实的建设者[15]。

教育属于服务业，其下游是产品供给，中游是教育生产，上游是价值引领。教育评价处于教育服务业的上游，是秩序和规则制定的总开关。近现代以来，西方国家占据着教育评价的话语权，处于教育服务链的上游，而我国则处于中下游，主要是学习和移植西方的教育评价。《总体方案》出台，标志着中国教育正从"因改教育而改评价"的第一曲线向"因改评价而改教育"的第二曲线跃迁，从教育服务业的中下游向中上游升级是历史的必然。[16] 中国要跻身教育服务业的上游，成为世界教育秩序和规则的建设者，必须牢牢抓住教育评价这个龙头，超越前四代教育评价，成为第五代教育评价的建设者和引领者。

（二）文化自信价值回归使然

中国是最有文化自信底气的国家，"在世界四大文明古国中，中国是唯一一个文明发展进程和文明传统没有中断的国家"[17]。但"鸦片战争以后，中华传统文化由盛转衰，甚至遭到彻底的否定和批判，中华民族的文化自卑渐渐弥散开来"[18]。新中国成立以后，尤其是改革开放以来，伴随着中华民族"站起来""富起来"到"强起来"的历史性飞跃，文化自信强势回归，社会主义核心价值观基于中华优秀传统文化得以确立，构建人类命运共同体的价值理念被写入联合国大会决议，得到广泛认可。

在当今中国，社会主义核心价值观是我们从事一切工作的基本价值取向。教育评价作为价值操作更应如此。从百年来对西方教育评价引进的"历史叙事"中"走出来"，尤其是从前四代教育评价的西方价值观中"走出来"，建立符合社会主义核心价值观、人类命运共同体价值理念的教育评价，是文化自信价值回归的必然选择。但是，文化自信并不等于文化自负，汲取一切优秀文化之精华也是必需的。基于前四代教育评价而构建第五代教育评价，正是文化自信的体现。

（三）教育高质量发展要求使然

现代教育发展大体经历普遍可及、有质量的教育、高质量发展三个发展阶段。目前，中国教育正走在教育高质量发展的路上，建设高质量教育体系被写进中国共产党二十大报告和国家"十四五"发展规划中，中国教育必将从"有学上"向"好上学"、"上好学"向"上学好"迈进。高质量发展是对教育发展状态的一种事实与价值判断，意味着教育在"质"与"量"两个维度上达到优质状态[19]。教育评价既是判断教育高质量发展的工具，也是高质量教育体系的重要组成部分，不仅仅在认识价值上，还要在创造价值上有所作为。前四代教育评价很显然难以完成这样的使命，迭代升级到第五代教育评价是教育高质量发展的必然选择。

（四）教育评价改革创新使然

新时代中国教育评价之所以要在前四代教育评价的基础上迭代出第五代，有其历史原因。中国教育评价发展历史可分为四个时期，公元前2200年中国论文式测验开启之前为原始教育评价期，之后到公元606年隋炀帝设进士科取士为古典教育评价萌生期，之后到1905年废除科举为科举时期，随后进入现代教育评价引进发展期。

中国古代教育评价尤其是科举时期是以考试为核心的，而现代教育评价是以评价为核心的。百余年来，引进现代教育评价除了1840年鸦片战争以后中国经济社会发展全面落后于西方国家、传统文化衰败不堪、现代教育兴起等原因之外，还有教育评价本身发展的原因。现代教育评价的基本原型（见图2），以教育存在为对象，采取考试、测量等多种方式获取证据，通过寻证举证去伪存真、完善证据后，基于真实和充分的证据描述事实，然后基于事实判断价值，最后将多种价值判断整合起来，建构起对教育存在的认识，支撑并贯穿整个评价过程的是知识、信念、技术和能力等。严格地说，考试并不是一种教育评价，只是获取证据的一种方式。从以考试为核心向以整个评价为核心拓展，无疑是教育评价的巨大进步。从这个意义上说，中国引进现代教育评价是教育评价历史发展的必然。

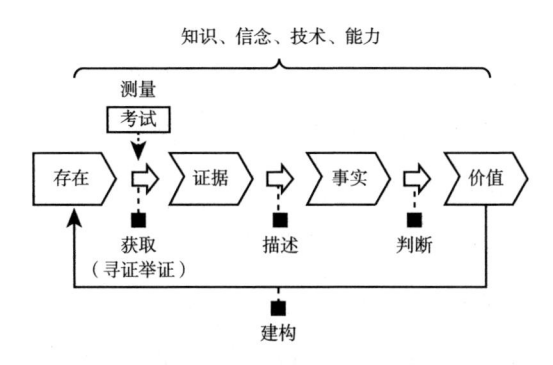

图 2　现代教育评价的基本原型

现代教育评价在中国的引进发展大体经历了三个阶段。一是断续引进阶段（1918~1985年），从1918年美国人瓦尔科特在北京清华学校使用比纳量表测量四年级学生开始，到1937年抗日战争爆发，西方以智力测验为代表的各种测量理论传入中国并被广泛研究，后因抗日战争、解放战争而中断，1949年新中国成立到1960年，在全面学习苏联的背景下，引进以五级分制为核心的苏式成绩考评法，后又因中苏关系破裂、"文化大革命"而中断，直到1977年恢复高考以后，才大量引进和介绍海外教育评价研究成果。二是持续本土化阶段（1985~2020年），1985年《中共中央关于教育体制改革的决定》出台，现代教育评价才真正开始在中国进行本土化实践，基础教育领域推行质量监测、综合素质评价，职业教育领域推行办学水平评估、适应需求能力评估，高等教育领域推行合格评估、水平评估、审核评估,以及各种专业认证,等等,前四代教育评价的理论和模式随处可见。三是改革创新阶段(2020年至今),以出台新中国成立以来第一个系统推进教育评价改革文件《总体方案》为标志,开启了教育评价改革的新时代。

深化新时代教育评价改革必将推动现代教育评价向第五代迭代与发展。一是改革要基于现代教育评价的历史,中国引进吸收世界尤其是西方现代教育评价历史百余年,尽管道路是曲折的,但实践证明,也是变革中国传统教育评价必不可少的;西方现代教育评价经过本土化之后已经成为中国教育评价不可分割的一部分,进一步改革创新必以四代教育评价为基础革故鼎新,不能也没有必要另起炉灶。二是改革要革除前四代教育评价的弊端,前四代评价分别侧重于获取证据、描述事实、判断价值、建构结论等教育评价的某个环节,对教育存在缺乏全局性、系统性把握,并且难以在获取证据充分性、描述事实真实性、判断价值美善性、知识信念等自为性上实现突破,"五唯"就是证据不充分的典型例子;拘泥于认识教育存在,对于改造教育存在显得无能为力,并且深陷"公说公有理、婆说理也强"的漩涡。三是改革要如《总体方案》要求的"基本形成富有时代特征、彰显中国特色、体现世界水平的教育评价体系",继承中国传统教育评价精华,超越前四代教育评价,构建第五代教育评价,正当其时。

三 第五代教育评价的理论生成与框架

第五代教育评价是什么?笔者曾归纳出三个基本要义——以育

人为本位、以服务为导向、以智能为特征,[20]再加上"创生价值"这个本质特征,即可形成第五代教育评价理论框架。这并非臆想而出的,而是从教育评价迭代逻辑中发展而来的,理论生成有其严密的逻辑。

(一) 本体论上突出"创生价值"

当今世界正处在百年未有之大变局中,国际旧秩序越来越难以为继,构建人类命运共同体的新秩序势在必行。第四代教育评价太过注重弘扬个人价值,导致教育过度竞争、社会深度撕裂的弊端越来越凸显。第五代教育评价迭代发展延续并超越前四代评价人本回归曲线,从"人的本质回归"向"人类的本质回归"升级,确立"教育是全球共同利益"的理念越来越迫切。因此,教育评价主要不再是为教育竞争提供工具箱,而是为全球共同利益的教育提供驱动力。这种驱动力仅仅停留在认识价值层面是远远不够的。

百年变局下的中国已经成功崛起为世界第二大经济体,2020年实现了全面建成小康社会的第一个百年奋斗目标,开启了走向中华民族伟大复兴的第二个百年奋斗新征程,以中国式现代化全面推进中华民族伟大复兴,"向世界贡献新的文明形态"[21]。前四代教育评价遵循西方现代化模式,走过了一条从现代到后现代之路,现代性自反是其发展的内在脉络。第五代教育评价遵循中国式现代化道路,以中华五千年历史文化为根,从现代性自反走向现代性超越,在认识价值层面之上创生新的价值(见图3),是符合逻辑的发展。其中,"创生价值"基于并包孕了"认识价值"。

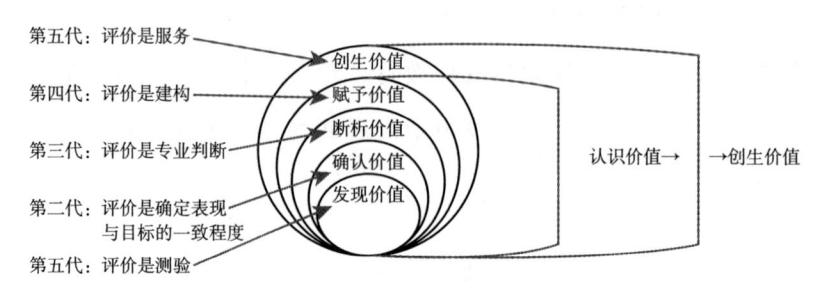

图 3　教育评价本质特征变化情况

"创生价值"成为第五代教育评价的本质特征，除了是经济社会和文化思潮等因素驱动的结果外，还是教育实践、教育评价发展的必然结果。当前教育发展的主要矛盾已经从确保教育权利转向确保教育质量，尤其是高质量上，实现教育高质量发展必然要求评价从"认识"走向"创生"。而前四代教育评价的本质特征"发现价值""确认价值""断析价值""赋予价值"都被框定在"认识"这个篮子里，跳出固有框框，"创生价值"无疑是最好的选择。

（二）价值论上突出"育人本位"

前四代教育评价遵循认识价值的大逻辑，其价值定位从外向内已经形成了"工具（手段）—目标—决策—共识（观念）"的闭环。第五代教育评价的本质特征从"认识价值"升级为"创生价值"，其价值定位也将从"识人"迭代到"育人"上。教育评价展开为三个向度：第Ⅰ向度是"关于教育的评价"，评价者作为局外人，站在教育之外，对评价对象进行价值判定，追求的是评得科学准确，努力方向是不断提高评价的精准度；第Ⅱ向度是"促进教育的评价"，评价者作为圈内人站在教育线上，通过评为学习、教学和管理服务，促成教育价值，追求的是实现目标，努力方向是不断提高评价的效用度；第Ⅲ向度是"作为教育的评价"，评价者就是教育的当事人，站在教育实践之中，致力于创生价值，追求的是开放生产，努力方向是不断提高评价的创生度。[22]第Ⅰ向度评价认识育人，是评价育人的基础；第Ⅱ向度是评价支持育人，是评价育人的关键；第Ⅲ向度是评价本身育人，是评价育人的直接实践。教育评价的第一代关注了第Ⅰ向度，第二代、第三代、第四代关注了第Ⅱ向度，第五代进一步扩维，必然关注第Ⅲ向度。按照折叠创新的法则，第五代教育评价将局外人、圈内人、当事人集合起来，或者将其角色集于一身，把评价三个向度统整起来，最大限度地发挥评价育人功能，促进人的全面、个性、协调和可持续发展。

（三）实践论上突出"智能特征"

第五代教育评价的行为样态远远复杂于前四代教育评价。在谁来评价上，第五代教育评价延续前四代评价扩容的逻辑，一是体现政治意志的党委、政府；二是体现专业观点的各类专家，包括学科专家、管理专家、行业专家、评价专家等；三是体现利益诉求的相关者，包括学生、教师、校长、学校，以及家长、社会用人单位等，都是评价的参与者。在评价对象上，第五代教育评价延续前四代评价扩展的逻辑，将教育的全主体、全领域、全要素、全过程都纳入评价范畴，实现教育的全息评价。在评价内容上，第五代教育评价延续前四代评价展开的逻辑，将教育的"质""量""场""时"要素统一起来，并且拓展"场"的领域，从现实的场景延伸到虚拟的场景，并且关注随时间变化的过程情况。在何时评价上，第五代教育评价延续前四代评价过程延展逻辑，实现全时空动态评价，只要不违背教育法律、道德、伦理规范，随时都可以评价。在如何评价上，第五代教育评价延续前四代评价方式多样化的逻辑，将评价与育人结合起来，形成丰富多彩的评价育人模式。

面对如此复杂多变的教育评价样态，第五代教育评价的行为特征必须是智能的，否则难以适应评价育人的高要求和新任务。这里的智能，既包括人的智能，也包括机器的智能，更包括人机协同的智能。单单依靠人的智能是不够的，因为人无法对海量的教育数据直接处理，依靠计算机强大的数据计算和分析能力是必然选择。但是，计算机也有其局限性：一是计算机只能处理数据，无法像人一样创生价值；二是计算机无法处理教育不可计算的一面；三是计算机只能基于已有数据进行分析，就像从历史中无法完全推断未来一样，计算机无法独自完成创造未来的重任。只有充分发挥人的主体作用和机器辅助作用，人机协同才能满足大规模、全天候、及时性、有深度、促发展的教育评价之需。

（四）关系论上突出"服务取向"

教育是社会共同利益所在，是一种公共服务，教育评价作为教育的组成部分，既是公共服务，也是为公共服务而服务的。在教育普及的今天，教育评价具有全民性，关乎每一个人的利益；教育具有全域性，涵盖各行各业用人评价；教育具有终身性，与人的一生相伴，并影响人的一生，属于人的基本公共需求，所有人都应享有和使用。从这个意义上说，教育评价还应划入基本公共服务范畴。

教育评价作为基本公共服务，其结果使用是依其价值定位而来的。第五代教育评价的价值定位是"育人"，育人成为评价的主体功能，必将超越前四代教育评价的鉴定、证明、咨政、回应等模式，在服务立德树人上发挥作用。目的上服务育人质量，旨在提高学生发展质量、教育教学过程质量、教育保障体系质量等。内容上服务育人活动，旨在改进学生学习、教师教育教学、家长教育子女、教育改革、教育治理等。形式上成为新的教育公共服务，其功能从"指挥棒"向"服务器"扩展，以满足人民群众迫切需要的教育评价服务。

当然，教育评价服务不仅仅限于结果使用，评价的目的、过程、工具、方法等都可被纳入服务范畴。也就是说，第五代教育评价的本质特征、价值定位、行为样态和结果使用都具有服务性质。基于教育全面普及后的高质量发展需求，现代教育评价继测量时代、描述时代、判断时代、建构时代之后，必将进入服务时代。评价与教育理论、实践之间均因服务而发生关系。正是在这个意义上，我国教育评价正"由最初的测量模式，经泰勒模式、判断模式、建构模式，逐步向第五代评价理论所倡导的服务模式转型"[23]。

四 第五代教育评价的发展路向与变革

教育评价迭代发展虽然需要理论作支撑，但更重要的是在实践中完成变革，也只有这样才具有现实意义。在中国发展第五代教育评价必然走中国式发展道路，总体而言，基于中国国情、教情和教育评价实际，可从政策、体系、模式、功能等路向上去变革、去发展。

（一）政策导向上，变重"管治手段"为重"公共服务"

长期以来，在中国教育政策中，教育评价无论是成为"管""办"的组成部分，还是与"管""办"分离，作为管治工具都得到了反复确认，在教育实践中也得到广泛应用。因选拔而评价、因考核而评价、因问责而评价、因资源分配而评价比比皆是，既使用于改进、改革和发展的教育评价，也多与具有浓烈管理色彩的"限期整改""督导复查"等联系在一起。这虽然为"管""办"提供了相对客观的依据，但毫无节制地运用，尤其是一味地与利益硬挂钩，也让评价的控制效应不断放大，反而成为钳制学生、教师和学校发展的工具。

随着教育进入高质量发展阶段，人们对教育评价服务的需求越来越强烈，学生优化学习、升学填报志愿、就业选择等越来越需要了解学习评价、学科专业评价、社会用人评价等方面的情况；教师教书育人越来越需要建立在对学生学习、课程教学、社会需求等大数据评价的基础上；学校和区域办教育同样需要纵横比较的评价数据。在这样的发展背景下，第五代教育评价视评价为新的基本公共服务，具有极其重要的现实意义。要实现这一点，需要在教育政策导向上作出重大调整，继提供学位、学生资助等之后，把教育评价纳入基本公共服务的政策篮子；清理已有教育政策，弱化评价的管治功能；构建管办评新格局，让评价不仅成为指挥棒，更成为"管""办""教""学"的服务器。

（二）体系构建上，变重"考核奖惩"为重"评价育人"

诚如前文所言，教育评价是判断、促成和创生价值的活动，要回答三个基本问题：一是是否有价值；二是有什么价值；三是价值程度如何。第一个问题是前提性问题，第二个问题是"质"的问题，第三个问题是"量"的问题。因此，我们也可以说，教育评价是确立、描述、促成和创生质量的活动。质量是教育评价真正关切所在。

上千年来，基于以管治为主的政策定位，中国提高教育质量的基本做法是健全考核奖惩体系。就学生评价而言，主要是不断健全考试与升学体系，亿万学子的成长之路上无不横亘着一次又一次的考试，在这个意义上，中国是名副其实的"考试大国"。这在"唯有读书高"的农耕时代、"知识就是力量"的工业时代具有进步意义。但随着社会进入信息时代，考试以知识为取向的短板越发凸显，难以适应知识大爆炸的现实世界。同时，考试经过不断演化，功利化倾向越来越浓厚，考试作为手段与育人作为目的之间本末倒置，"因考试而育人"成了教育的现实逻辑，育人被窄化为"做题"，教育"蜷缩"在一张张小小的试卷之中，严重制约了立德树人根本任务的落实。就教师和学校、政府履行教育职责评价而言，主要是不断健全考评与奖惩体系，名目繁多的绩效评估几乎都与奖励、问责联系在一起，在这个意义上中国也是名副其实的"考核大国"。这样的教育评价体系重点关注"事后评价"，止步于"奖惩过去"，疏于"面向未来"，往往成为教育实践的"马后炮"，对于变革当下教育、创造未来教育缺乏有针对性的指引和推动。

其实，教育评价的根本目的不在于"考核奖惩"，而在于"教育人"，对学生、教师如此，对学校也是如此，通过评价让各参与主体得到发展，才是最终目的所在。第五代教育评价坚持"育人本位"，就是要落实评价"教育人"这个重中之重的任务。要实现这一点，必须推动中国从"考试大国""考核大国"向"评价强国"转型。其中，最为关键的是建立健全评价育人公共服务体系，让评价与育人一体两面。一是完善标准体系。领域上，实现各级各类教育标准相互融通；主体上，实现政府、学校、教师、学生、社会相关教育标准"五位一体"融合；类型上，实现发展标准、技术标准、数据标准等融汇。二是完善平台体系。运用互联网、大数据、人工智能等现代信息技术，建设教育评价大脑，将教育评价大脑与教育行政部门、各级各类学校及其他相关机构链接起来，与管理者、教师、学生、家长及其他相关人员链接起来，成为全息、智能、融贯的教育评价服务平台。三是完善内容体系。建立监测、评估、认证一体化的教育评价闭环，监测实现各级各类教育全覆盖，评估关注教育关键领域、突出问题、薄弱环节等重点内容，认证促进院校、学科、专业、课程等教育板块出特色、成卓越，由此形成教育评价的金字塔结构，推动教育从合格到优质，最终走向卓越。四是完善方法体系。改进结果评价，健全综合评价，推动教育评价横向更宽；强化过程评价，探索增值评价，推动教育评价纵向更长；注重表现性评价，深化本质性评价，推动教育评价向内更深，由此形成立体型教育评价方法体系。五是完善服务体系。实施全主体服务，让教育评价服务政府、学校、社会组织，以及教师、学生、家长个体。实施全方位服务，让评价服务学生学习、教师教学和学校管理；服务教育改革、发展和稳定；服务教育、科技和人才建设。六是完善规范体系。进一步完善教育评价的政策、规则、管理、文化等规范体系，形成教育评价赋能教育高质量发展的长效机制。

（三）模式创新上，变重"单点突破"为重"系统推进"

中国百年来尤其是改革开放以来，在引进西方四代教育评价理论和模式的过程中，基于现代教育评价的基本原型，结合自身实际进行探索，在获取证据上更充分，探索了档案袋、表现性评价等方式；在描述事实上更客观，探索了综合素质评价、写实性评估方法等；在判断价值上更多元，探索了等级、排名、述评、增值等多种评价；在建构结论上更灵活，探索了认证、等级、审核等评价方式。这些探索丰富和发展了四代教育评价模式，但总体来说还是"单点突破"，对于教育评价发展而言属于"量的积累"。而迭代进第五代教育评价需要"质的飞跃"，必然要把重点放在"系统推进"上。

系统推进现有教育评价向第五代教育评价模式迭代，一是要多层次推进，教育评价"价值—范式—实践—机制"结构中的每一个层次都向创生价值递升；二是要全要素推进，教育评价理念、标准、工具、技术、评判、服务、制度、文化等基本要素都向育人本位聚焦；三是要全过程推进，教育评价的获取证据、描述事实、判断价值、建构结论等各环节都向全息智能转化；四是要全方位推进，教育评价定位、使命、角色、内容、方法、工具、功能等都向服务转换。

（四）功能发挥上，变重"鉴定识别"为重"赋能创生"

在中国，无论是以考试考核为主线的传统教育评价，还是以引进西方的测量、描述、判断、建构为内容的现代教育评价，"鉴定识别"一直都是其主体功能。这样的功能具有基础性意义，但是拘泥于"鉴定识别"，放逐了教育评价的教育功能，也是难以适应教育高质量发展的。教育评价与其他评价的本质区别在于"评价即教育"。教育是一个赋予人能量的过程，也是一个人才创生的过程。只有充分发挥教育评价"赋能创生"功能，才能让教育评价成为真正的教育评价。第五代教育评价倡导"创生价值""育人本位"的意义即在此。

推动教育评价发挥赋能创生功能，一是学生要强化学习评价与反思。形成评价赋能学习模式，建立"发布学习与评价任务—确定任务评价维度—学生完成学习任务—学生基于评价维度自评互评—评价结果与常模或标准比较"的学习与评价融合模式，促进学生深度学习，培养学生批判性思维、创造性思维、评价能力等。基于评价结果改进学习，评价提供"发现问题—预警反馈—策略推送—追踪优化"的服务功能，根据不同情况为学生提供个性化的策略支持。二是教师要强化教学改进与实施。教师基于评价数据教学，把评价的"牵引—生成—反馈—驱动"功能融入"教学设计（学生参与）—教学实施（学生学习）—教学检查（学生反思）—教学改进（学生再学习）"全过程，并将此实施模式贯通到教学全过程、全时空、全要素之中，形成赋能效应。基于评价结果改进教学，通过"确认个性问题—因材施教—家校共育"解决评价发现的个性问题；通过"确认共性问题—团队共同协商—寻求解决策略—重组教学过程—检验成效"解决共性问题。三是管理者要分层推动教学改革与指导。各级教育行政部门和学校基于评价反馈数据和报告，开展教学改革决策、督导、培训、指导等，推动教学反思与改进。四是组织上要建立评价驱动的教育质量共同体，学校内部由学生、教师、家长、学校管理者组成；学校外部由督导组织、评估组织、教研组织、社会组织等多个组织构成。内外质保共同体基于智能评价平台，形成教学过程、专业技术、决策导向的质量保障机制。

第五代教育评价是正在发展的新一代教育评价，本文探索仅是明晰其迭代逻辑、理论框架和发展路向，未来第五代教育评价必将随着经济社会、文化思潮、教育实践的演变而演变，不断丰富和完善自身价值定位、行为样态和结果使用，最终完型成熟并发挥作用尚需在实践中去构建与创造。

参考文献：

[1][20][24]刘云生.抢占教育智能化评估的制高点[J].教育发展研究，2019（3）：3.

[2]张凌漪.首届（重庆）教育评价国际会议在渝举行[N].重庆日报，2022-05-16（005）.

[3]李宏，张国圣.重庆：教育评价改革让学生个性化发展[N].光明日报，2022-08-04（008）.

[4]埃贡·G.古贝，伊冯娜·S.林肯，秦霖，等，译.第四代评估[M].北京：中国人民大学出版社，2008：1-24.

[5]赖因哈德·施托克曼，沃尔夫冈·梅耶.评估学[M].唐以志，译.北京：人民出版社，2012：132.

[6]聂爱华.互联网思维下的政府治理与服务创新[J].中国海洋大学学报（社会科学版），2021（03）：96-103.

[7]鲁洁.教育：人之自我建构的实践活动[J].教育研究，1998（09）：13-18.

［8］周作宇．论教育评价的治理功能及其自反性立场［J］．华东师范大学学报（教育科学版），2021，39（08）：1-19．

［9］徐昌和．中美学校评价比较研究：组织、标准与实施［D］．上海：华东师范大学，2014：20-22．

［10］李均，吴秋怡．大学通专融合：缘起、模式与策略［J］．江苏高教，2022（09）：41-48．

［11］［16］［20］［22］［26］刘云生．论新时代系统推进教育评价改革［J］．国家教育行政学院学报，2022（02）：13-24．

［12］习近平．习近平谈治国理政（第三卷）［M］．北京：外文出版社，2020：428．

［13］李海涛．百年未有之大变局：中国判断与世界回响［J］．社会科学家，2021（09）：150-155．

［14］习近平．高举中国特色社会主义伟大旗帜为全面建设社会主义现代化国家而团结奋斗——在中国共产党第二十次全国代表大会上的报告［EB/OL］．共产党员网．（2022-10-16）［2022-11-05］．

［15］转引自李海涛．百年未有之大变局：中国判断与世界回响［J］．社会科学家，2021（09）：150-155．

［16］许俊．中国人的根与魂：中华优秀传统文化通识［M］．北京：人民出版社，2016：13．

［17］任祥伟．中华优秀传统文化语境中文化自信的叙事逻辑［J］．湖南社会科学，2022（03）：126-133．

［18］柳海民，邹红军．高质量：中国基础教育发展路向的时代转换［J］．教育研究，2021，42（04）：11-24．

［19］杜利娟，杨婷．中国共产党开创中国式现代化道路的历史意义和世界贡献［J］．南京邮电大学学报（社会科学版），2023（01）：9-18．

［20］张宁娟，燕新，左晓梅，任春荣．构建科学的符合时代要求的教育评价制度——习近平总书记关于教育的重要论述学习研究之七［J］．教育研究，2022，43（07）：4-16．

The 5th Generation of Education Evaluation: Iteration and Development

Liu Yunsheng

Abstract: The iteration of modern education evaluation follows the logic of external drive, the endogenous logic and the qualitative change. The external driving force is formed by the interaction of economic society, cultural thought trends and educational practices, and the internal driving force is formed by the interaction of intrinsic characteristics, value orientation, behavior pattern and use of results of education evaluation. Based on the interaction of internal and external factors, education evaluation iterates from quantitative change to qualitative change. While measurement, description, judgment and construction of 4th generation education evaluation originated and developed in western countries which formed the basic of the 5th generation of education evaluation, it is bound to realize its iterative development in China under the drive of multiple factors such as the reconstruction of rules under the great change situation of century-old, the return of cultural confidence value, the requirement of high-quality education development, and the reform and innovation of education evaluation. The 5th generation of education evaluation emphasizes the "creation value" in ontology, the "cultivating students foremost" in value theory, the "intelligent characteristics" in practice theory, and the "service orientation" in relation theory. The development of the 5th generation education in China must be based on the national conditions, education conditions and the actual situation of educational evaluation of China. In terms of policy orientation, the emphasis should be changed from "governance means" to "public services"; in terms of system construction, the emphasis should be changed from "assessment, reward and punishment" to "cultivate person by evaluation"; in terms of model innovation, the emphasis should be changed from "single point breakthrough" to "systematic promotion". In terms of function play, the emphasis on "identification" should changed to "enabling creation", and take the road of Chinese-style development.

Keywords: the 5th Generation of Education Evaluation; Creation and Generation; Energize; Cultivate Person by Evaluation; Public Service

教育未来学视域下未来教育的评价要素分析

孙杰远　于　玲[*]

摘　要： 教育本身就是面向未来培养人的社会活动。有关未来教育的研究与未来学、教育未来学等研究息息相关，分析未来教育的评价要素，不能脱离对未来学和教育未来学的探讨。未来教育的评价要素是影响整个未来教育发展的本质和核心，与未来教育评价的要素有根本性差异，主要包括国家意志、社会诉求、学生发展和科技进步四大要素。未来教育的评价要素与未来教育之间存在广泛的相互作用关系，主要以感应机构反馈未来教育发展需要，以执行机构调节未来教育发展过程，整体则表现为施控系统和被控系统的交互作用。未来教育发展，要以未来教育的评价要素为基本作用点，以彰显国家意志、回应社会诉求、满足学生发展和适应科技进步为着力点，为未来

---

[*]　孙杰远，广西师范大学副校长，教授，博士生导师；于玲，广西师范大学教育学部博士生。

教育发展助力。

关键词： 教育未来学　未来教育　评价要素

未来已来，唯变不变。早在1983年，邓小平同志就指出教育发展的"三个面向"，即"教育要面向现代化、面向世界、面向未来"，为未来教育发展指明了方向。2021年11月，联合国教科文组织面向全球发布了《一起重新构想我们的未来：为教育打造新的社会契约》报告，提及2050年乃至未来的教育发展预想，更在报告结尾部分强烈呼吁"共建教育的未来"[1]。在知识经济时代，未来教育的发展要以研究更新知识，以科学技术突破常规、转变教育形式，推进教育事业的繁荣。从教育的本质来看，教育本身就是一项继承过去、立足当下、面向未来的社会实践活动。开展未来教育研究，既是对过去和当下的反思，更是对未来教育发展的谋划。未来教育的评价要素是未来教育发展的基本要点，是衡量未来教育发展水平的关键内容。厘清未来教育的评价要素，分析未来教育与评价要素间的作用关系，阐释未来教育中现在与未来的关系、国家与社会的关系、人与物的关系，对未来教育发展至关重要。

一　未来教育的评价要素概念

探究未来教育的评价要素，是以教育未来学研究为基础、以未来教育为主体、以衡量未来教育发展为核心、以促进未来教育发展为目的而开展的对影响未来教育发展关键要素的探索性分析。其中，未来教育的评价要素，作为未来教育发展的基本作用点，是衡量未来教育发展水平与发展动向的关键，厘清未来教育的评价要素概念，是我们开展未来教育研究的基础。

（一）未来学、教育未来学与未来教育

分析未来教育的评价要素，首先应当明晰未来学、教育未来学与未来教育之间的联系和区别。1943年，德国未来学先驱弗莱希泰姆（O. K. Flechtheim）首次提出未来学的概念，认为未来学是"对人类和社会未来的科学研究"[2]。中国现代未来学发展是伴随着西方未来学发展而兴起的，1979年在北京成立了中国未来研究会，拉开了有组织、系统性研究未来学的大幕[3]。国内有学者对未来学的概念进行系统阐述，认为"未来学是人们对一个动态系统未来状态的预料、分析和推断，以及用未来信息反馈的观点处理现实问题的一门综合性学科。它是专门研究如何提高科学预见性，克服盲目性，为各行各业各部门各级领导者、管理者决策服务的一门新科学"[4]。国外有学者指出"未来学可以通过以下方式确定人类未来的社会生活方式，即科学分析—理性批判—高阶理性思维"[5]。他表明，未来学的任务便是运用上述方法，根据世界历史新阶段的特点，确定未来社会或人类世界的模式，并做出政策规划。对于未来学概念的界定，学者们的观点无较大差别，我们可以将其理解为，未来学是一项分析、推断未来发展，通过对未来发展态势的分析，研究控制事物未来发展变化对策的一门学科，但目前来看，未来学学科体系尚不成熟。

对于未来学研究的科学性问题，有很多学者提出质疑，争论的

焦点在于人们能否预测未来。早在卡尔·波普尔的《历史决定论的贫困》一书中，他就认为不存在不可改变的发展规律。他认为："人类历史的进程受人类知识增长的强烈影响。我们不可能用合理的或科学的方法来预测科学知识的增长。所以，我们不能预测人类历史的未来进程。"[6]但马克思历史唯物主义观点有力地反击了它的论断，认为科学预见并不是什么神奇不可思议的东西，它是依据客观发展规律，对客观世界进行认真调查研究和分析的结果，例如，门捷列夫探明元素周期律，开普勒发现行星三大运动定律，等等。在本质上，唯物史观的规律观是普遍性和特殊性、必然性与偶然性的统一。社会历史规律与人的主体创造活动总是内在相关的[7]。亦有学者指出，"当代未来学与早期对未来推测的乌托邦主义（或反乌托邦主义）不同，与它们的不同之处在于，它是在整个人类生存的更广阔的视角下对科学和技术的整体理解。它的重点不仅仅是描述在某个有限的领域中发展的可能性，如技术创新，而是试图将各种各样的可能性甚至是未来的可能性联系到一个具体的现象学矩阵中"[8]。因而，未来学研究有其存在的科学性依据，不是一门以单纯社会现象臆想未来发展的乌托邦。

教育未来学的诞生与未来学发展直接相关，从本质上来看，教育未来学是教育学与未来学的交叉学科，有学者指出，教育未来学是"以未来学的方法，研究教育发展的趋势，预测未来教育的模式，包括未来教育的目标、规模、结构、内容、方法、技术、管理等等，为制订教育发展规划和教育改革方案提供理论依据，也为开拓教育工作者的眼界与思路提供有益的启示"[9]。教育未来学的产生与教育的本质属性有直接关系，教育的发展有其客观规律，因而以教育的客观规律预测未来教育的发展是可能的。教育未来学本身是以未来教育为研究对象，其中包括未来的教育方针、政策、结构、规模等，其中亦包括未来教育的评价要素。从另一个侧面来看，教育学与未来学的交叉学科还诞生了未来教育学研究，二者同处两个学科的交叉领域，但二者在研究对象上有明显区别。简言之，"教育未来学研究的是'未来的教育'，而未来教育学研究的则是'当下教育如何适应社会和个人的未来'"[10]。本研究中对未来教育评价要素的分析，主要建立在教育未来学研究的基础上，以未来学中相关理论和研究方法为依据，客观分析影响未来教育的评价要素，阐释影响未来教育发展的核心问题。

（二）未来教育的评价要素与未来教育评价的要素

从本质上来看，未来教育的评价要素和未来教育评价的要素，二者都属于教育评价的范畴。国内外对教育评价这一概念历来有所争议，不管是早期泰勒的教育评价理论和模式，还是现在多元化的教育评价模式，学者对教育评价的界定各有不同，且在不同时代背景下教育评价的内涵也在发生转变。国内有学者指出教育评价"是对教育活动满足社会与个体需要的程度作出判断的活动，是对教育活动现实的（已经取得的）或潜在的（还未取得，但有可能取得的）价值作出判断，以期达到教育价值增值的过程"[11]，主要从教育评价的价值层面解释教育评价的本质，揭示教育评价的价值属性，但学界对这一界定依然有不同观点。不可置疑的是，"评价"这一概念本身就是衡量价值的过程，对教育评价的价值层面的考量无可厚非。基于对教育评价本质的分析，可以想见，无论探讨未来教育的评价要素，还是未来教育评价的要素，二者都离不开一个内核，就是"评价"，也就是衡量未来教育价值的过程，这是二者的一个普遍联系。从另一个侧面来看，二者的差异也因此诞生，即"评价什么"的问题。未来教育的评价要素和未来教育评价的要素二者隶属教育评价范畴，但二者有广义和狭义的区别。未来教育的评价要素属于广义的教育评价，以未来教育为研究对象，探讨的是影响整个未来教育发展的本质和核心问题，并以未来教育的评价要素作为衡量未来教育发展的依据。而未来教育评价的要素，属于狭义的教育评价，将未来教育评价作为研究核心，将作用点放在未来教育背景下教育评价本身的问题，探讨教育评价这一主体内部的关键要素，揭示其内部微观要素对未来教育评价的影响，如评价主体、评价对象、评价内容、评价方法等。

二 未来教育的基本评价要素

从已有研究来看，有关未来教育的研究主要集中在未来的教育观、教育模式、教育内容以及教学形式等方面，未来教育的评价问题鲜有提及。但对教育过程的完整性而言，研究未来教育的评价问题、分析未来教育的评价要素是探讨未来教育问题的不可或缺的一部分。未来学研究的一般科学方法中有一项为系统方法，即系统地研究和处理有关对象的整体联系的一般科学方法论。它是以对系统的基本认识为依据，把研究的对象作为一个系统，着重分析和处理它的内外各种联系，从而达到使系统的行为在整体上最优[12]。我们可以将其理解为，未来学研究的系统方法是以系统论的视角考量事物的未来发展。本文以未来学研究的系统方法为依据，以其相互联系原则、层次结构有序性原则等原则为根本，对未来教育的基本评价要素进行分解，主要有两个层面：在纵向上，注重分析影响未来教育的评价要素层级，即国家层级和社会层级，具体要素分解为"国家意志"和"社会诉求"；在横向上，注重考量未来教育中"人"与"物"的相互联系，将要素分解为"学生发展"和"科技进步"。

（一）国家意志

从教育的社会属性来看，教育具有鲜明的阶级性，这是对本身政治性的一种体现。教育的社会性或公共关系性质是永恒的，而教育的政治性或阶级性都不是永恒的[13]。在共产主义社会到来之前，未来教育的发展永远不会脱离社会而孤立存在，其政治性、阶级性是对国家意志的体现，反映了在特定社会背景和历史背景下教育的使命。具体来看，未来教育的发展，离不开三个要点。其一，教育方针。教育方针是一个国家或政党发展教育事业、开展教育工作的根本指导思想。2021年，中央教育工作领导小组印发的《关于深入学习宣传贯彻党的教育方针的通知》中指出，经第十三届全国人大常委会第二十八次会议审议，《中华人民共和国教育法》第五条修改为，"教育必须为社会主义现代化建设服务、为人民服务，必须与生产劳动和社会实践相结合，培养德智体美劳全面发展的社会主义建设者和接班人"[14]，进一步从法理上明确了我国新时代的教育方针。教育方针的修改，亦是对未来教育应当"培养什么样的人"的回应。每个时代都有每个时代的责任，在未来社会背景下，教育方针的变更是必然的。其二，教育现代化。无论 2010 年发布的《国家中长期教育改革和发展规划纲要（2010—2020 年）》，还是 2019 年中共中央、国务院印发的《中国教育现代化 2035》文件，都对未来教育现代化发展作出了部署。对于教育现代化，褚宏启指出："教育现代化的本质是教育现代性的增长，教育现代性是教育现代化的灵魂。"[15]面对科技的快速发展，教育的现代性展露无遗，未来教育现代性程度必然大幅提升，教育现代化发展也将达到新的高度。其三，教育高质量。《中共中央关于制定国民经济和社会发展第十四个五年规划和二〇三五年远景目标的建议》指出要"建设高质量教育体系"[16]。这是党中央在对我国现阶段发展所面临的主要矛盾进行精准研判的基础上，对教育发展总体目标提出的新要求。高质量教育体系的建设，需要教育的高质量发展。教育高质量发展在教育领域中的最终体现，就是高质量教育体系的建成与完善。未来教育的高质量发展，不能简单套用经济学意义上的高质量发展内涵，过度追求量的增长，而是要立足于教育促成学生的全面和健康发展，提高人民对教育的获得感、幸福感和满意度，使未来教育达到一个更高的水平。

（二）社会诉求

"教育是一种永恒的社会现象，同社会息息相关，可以说是共生存、同命运的。"[17]教育的社会发展功能是教育的本体功能在社会结构中的衍生，不论哪个时期、哪个时代，教育的社会功能不会改变。党和国家始终贯彻"以人民为中心"的发展思想，从 2007 年党的十七大到 2022 年党的二十大，多次强调要"办好人民满意的教育"。社会的发展与教育的发展相携而生,教育的发展是为更好地促进社会发展,未来教育的发展不可避免地要回应未来广大群众的诉求。在社会层面,影响未来教育的评价要素有三。其一,应试困境。从严格意义上来讲,考试只是作为一种中性的评价手段,而应试是学生需要获得的一种能力,也是评价学生是否获得核心素养的一种有效检验方式。但以应试为目的的教育应该鄙弃,这在本质上与技能训练并无二致,如何使应试在学生发展的尺度上恰如其分地实现其职能,是未来教育发展需要深入思考的一个重要问题。其二,家庭焦虑。"学而优则仕"的传统儒家观念,导致诸多家长普遍存在对子女未来发展的"阶层跃迁焦虑",这是一个普遍存在的社会现实。"双减"政策的实施,就是要直面这类问题,是党和国家在学生"减负"问题上的治理创新。在未来教育体系下,这种"应然"状态能否成为"实然"结果,需要通过细致、周密的政策执行措施来具体实现。其三,教育公平。从宏观的意义而言,教育公平意味着所有社会成员都能够平等地获得接受某种教育机会。在一个社会系统中,教育资源的分配是影响教育公平能否实现的重要因素,并在教育的起点、过程和结果上都会呈现出来。现阶段,以升学为导向而形成的"利益共同体联盟"在我国仍然存在,这会使教育资源分配不公平的现象难以消除。对教育资源进行合理分配,是未来进一步实现教育公平的重要手段,也是促进各地区学生均衡发展的必要条件。

(三)学生发展

教育活动作为人类世代创造积累起来的知识、文化的一种传递、传播的工具和手段，是直接以人类的个体为对象的[18]。且教育的本真在于尊重人、理解人、发展人[19]。夸美纽斯在《大教学论》中提到的"把一切事物教给一切人"，与孔子的"有教无类"思想相契合。在影响未来教育的评价要素中，要将培养"人"的问题放在重要地位，而在未来教育中"培养什么样的人"值得我们反思。其一，注重人的全面发展。凯洛夫在《教育学》中提出"个性全面发展"的教育主张，促进学生的全面发展是教育的根本目的，实现学生的全面发展是教育的目标。2016年9月，中国学生发展核心素养总体框架正式发布，以培养"全面发展的人"为核心，具体化了以实现人的全面发展为导向的核心素养。核心素养体系本身就是对学生发展进行评价的全新体系，对我们的教育教学产生了巨大的影响。但在未来教育中，核心素养内容如何落实，核心素养要求是否依旧符合社会发展需要值得我们思考。其二，保障人的个性发展。个性化教育就是培养学生个性发展的教育[20]。孔子注重学生的个性发展，提倡"因材施教"，尊重学生的差异性，是教育尊重人的重要体现。作为人的个性发展的最高境界，自由个性也就是人的发展的理想状态，而具有自由个性的人也就是恩格斯所说的"自由的人"[21]。未来教育的发展，必然是充分实现学生个性发展的过程，即学生在获得核心素养基础上的个性的充分发展。其三，关注人的健康发展。2021年7月24日，中共中央办公厅、国务院办公厅印发《关于进一步减轻义务教育阶段学生作业负担和校外培训负担的意见》（即"双减"政策），明确提出要"构建教育良好生态，有效缓解家长焦虑情绪，促进学生全面发展、健康成长"。长久以来，学生过重的作业负担和校外培训负担，对学生的健康发展造成了严重影响,比如,学生睡眠不足、运动不够、精神压力大等问题。"双减"政策的有效落实,势必会在未来强有力地改善这一局面。未来如何进一步推进"双减"政策的实施,保障学生健康发展,还有待理论与实践的检验。

(四) 科技进步

尼葛洛庞帝在《数字化生存》中指出:"数字化的未来将超越人们最大胆的预测。"[22]科学技术的快速发展,将我们卷入信息翻涌的浪潮中,人工智能等创新性技术在教育领域大肆开疆拓土。这个时代是名副其实的数字化世代,任何事物都能以数据的形式存在,形成不计其数的数据"仓库",各类信息、知识和资源汇集成大数据海洋。在"物"的关系层面,科技发展是推动未来教育发展的中坚力量,在"物"的应用、"物"的变革上,不断引起教育领域人们对"物"的观念的更新。其中,影响未来教育的评价要素主要体现在以下几方面。其一,神经科学的发展。神经科学领域研究表明,人脑具有可塑性,"即脑可以被环境或经验所修饰,具有在外界环境和经验的作用下不断塑造其结构和功能的能力"[23]。大脑是学习的器官和工具,教育神经科学研究也因此成为热门的研究领域,可以通过更加充分地了解大脑的活动,促进学生更加有效地学习。以观察功能性磁共振成像扫描仪记录的图形,能够判断学生大脑的活动,未来或将成为科学判断学生学习成效的一项依据。其二,信息技术的进步。信息技术的飞速发展,在一定程度上重构了人类的生存方式,资源的富集将我们带入一个云计算时代,但文化依然是教育最基础的组成元素,云时代教育的适应性变化很大程度上取决于文化的数字化转化[24]。21世纪以来，我国明确提出"以教育信息化带动教育现代化"，使教育信息化成为教育改革与发展的一个战略制高点。信息技术从最初作为学习的对象，到作为辅助学习的工具，再到作为提升认知的工具，并持续成为促进教育系统实现结构性变革的关键力量，但信息时代的文化变异应当引起我们的警惕。其三，智能化的普及。人工智能所催生的"类人机器"，进一步促使我们反思教育的主体性问题。2018年"AI Teacher"（人工智能教师）国际科研合作项目在北京启动，主要为学生个体与群体发展规律设定"人工智能教师"应用，对未来教师的"教"和学生的"学"带来巨大冲击。在日益智能化时代，人的发展问题变得更为严峻，人工智能对人类的挤压成为不可逆转的趋势。然而，具有无限开放可能性的人的创新能力，是既定程序运行下的人工智能始终难以匹敌的。对于未来教育而言，学生创新能力的培养以及终身教育或许是我们应对智能化危机的重要路径。

三　未来教育的评价要素作用关系

本文以未来学研究方法中的控制调节法为依据，对未来教育的评价要素与未来教育体系之间的相互作用关系进行分析。未来学中的控制调节法起源于控制论，自20世纪50年代初维纳的《控制论》一书出版，此后20多年，控制论在世界范围内推动了一些学科的发展，使这些学科衍生出各分支并孵化了一批新的学科，对20世纪的科学和社会产生了强烈的影响[25]。古希腊哲学家柏拉图把掌舵的艺术叫作控制论。从控制论创立到今天，控制论已越出动物和机器系统而发展成为一种能应用于任何系统的一般控制理论,即发展成为一门关于动物、机器和社会不同系统控制的共同规律的科学[26]。在未来学研究中,将控制论这一研究方法命名为控制调节法,旨在探索系统中的一般作用规律,进而提出假设、形成理论、建立法则,用以解决未来面临的实际问题,实现调控的目的。控制调节法将影响未来发展的因素划分为两大系统和两大机构,两大系统包括"施控系统"和"被控系统";两大机构包括"感应机构"和"执行机构"(二者隶属于"施控系统"当中)。在对未来教育的评价要素探讨中,"施控系统"包括以国家意志和社会诉求为核心的感应机构,以学生发展和科技进步为核心的执行机构,以及二者与未来教育的交互作用;"被控系统"则主要为未来教育这一整体(见图1)。我们对未来教育评价要素的探讨集中于施控系统。

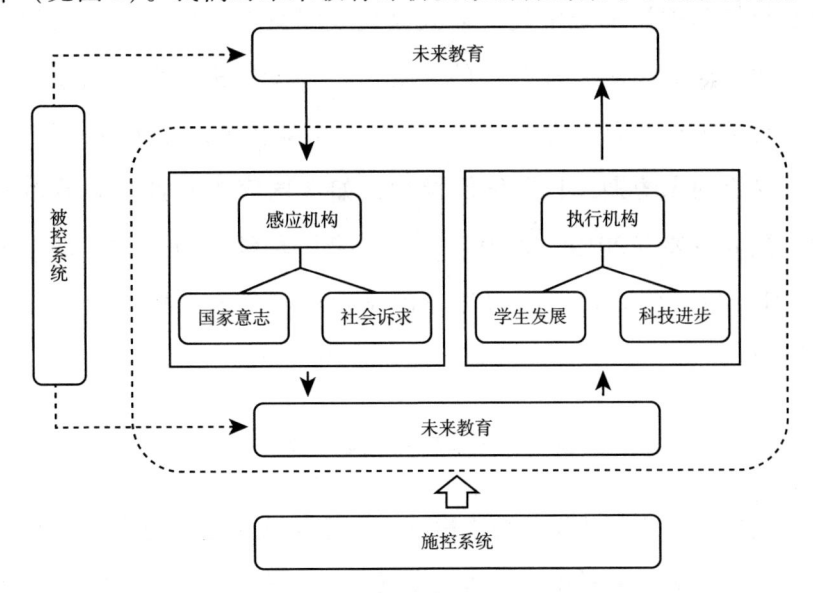

图1 未来教育的评价要素作用关系

(一) 感应机构反馈未来教育发展需要

在未来教育的评价要素作用关系中，感应机构主要包含国家意志和社会诉求两大要素，主要用以输入未来教育发展的信息和需求，将之反映到被控系统中枢，再由被控系统交由执行机构付诸实施。感应机构是一个用于广泛收集信息的机构，信息的收集、汇总、整理、反馈是感应机构的主要工作，信息内容以国家未来发展趋势和社会广大群众诉求为主，来源主要有媒体报道、社会反响、决策提案、研究热点、大数据分析等。在信息收集过程中，可采取量化统计与质性研究等手段，将收集到的信息做加工、整理和分析，如《中华人民共和国家庭教育法（草案）》（征求意见稿）等，广泛征集社会意见，再将具有重大影响和重大意义的信息反馈到被控系统中枢，如人大代表议案等，集中交由被控系统作出反应。在对未来教育的评价上，感应机构需要对国家意志和社会诉求两大要素进行综合考量，交由被控系统中枢统一研判，进而制定国家短期或长期发展规划，如《国家中长期教育改革和发展规划纲要（2010—2020年）》《全民科学素质行动规划纲要（2021—2035年）》等，以适应国家发展和广大人民群众对教育的诉求。

(二) 执行机构调节未来教育发展过程

执行机构处于被控系统中枢的下一个反应阶段，是一个实现操作过程的机构，主要作用于学生发展和科技进步两个要素层面。根据信息流动过程，执行机构的任务主要有两个方面，一方面，执行机构需要接收被控系统的信息指令,对被控系统反馈信息作出研判,并将之具体化为可操作的内容,落到具体的作用点,比如,学生发展层面的《北京市关于进一步减轻义务教育阶段学生作业负担和校外培训负担的措施》,科技进步层面的《上海市促进科技成果转移转化行动方案(2021—2023年)》等,逐级将政策内容付诸实施,将政策要求作用到最小单元。另一方面,执行机构需要将政策实施成效输出到被控系统当中,如"双减"政策实施成效等,保障被控系统能够接收信息并作出反应,再将信息输入施控系统中的感应机构,实现信息的循环往复,达到系统的自动控制和调节。若在任何一个环节信息中断,施控系统将会失去它的调节能力,被控系统发展将受到严重影响。

(三) 施控系统与被控系统交互作用

在未来教育发展背景下,施控系统主要由未来教育国家意志、社会诉求、学生发展和科技进步等基本评价要素组成,被控系统则是未来教育这一整体。施控系统的感应机构广泛接收信息用以发现未来、研究未来,利用现实资源改造未来。被控系统,即未来教育的信息输入会对施控系统产生影响,直接为施控系统的发展提供依据。且其输入的信息是多变的,因为教育环境是多变的,未来教育的发展前景会随现实状况的改变而变化,亦会对施控系统的作用过程产生影响,导致实施结果存在偏差,如农村人口减少导致的"撤点并校"等。但施控系统和被控系统之间是一个相互联系、相互作用的整体,需要及时对未来教育的发展结果和实际情况进行反馈,调整未来教育发展规划,不断缩小这种偏差,发挥对未来教育的科学预见作用。要充分发挥对未来教育目标的调控作用，必须充分考量未来教育发展中的基本评价要素，实现信息资源在系统中的流动，为未来教育发展提供最佳路径。

四 从评价要素看未来教育发展

在现代汉语词典中，将"要素"释为构成事物的必要因素[27]。前已提及，"评价"是衡量事物价值的过程。因而，未来教育的评价要素，是对影响未来教育发展的必要因素的考量。从上述评价要素的结构及作用关系来看，评价要素处于未来教育的施控系统当中，是对未来教育发展产生影响的核心内容。从未来教育的评价要素看未来教育发展，需要对各个评价要素进行分析，并对未来教育的发展进行系统考量。

（一）彰显国家意志

马克思主义系统观指出要以辩证、系统的观点看待事物间的关系。其中，系统论的基本规律——信息反馈律指出"信息反馈保证系统稳定性和发展性的统一"[28]。国家意志是评价要素结构关系中的感应机构，负责反馈未来国家发展动向，为未来教育发展提供关键信息。未来教育的发展离不开对国家意志的彰显，这是保证未来教育系统稳定和发展的前提。"教育是民族振兴和社会进步的基石"[29]，在国家层面，未来教育的发展离不开三个要点。第一，对教育方针的再规划。教育方针是体现国家意志的上层建筑，在不同历史时期有不同的要求。进入21世纪以来，我国教育方针历经多次变革，主要凸显了几个要点，即教育与生产劳动和社会实践相结合、素质教育、立德树人以及德智体美劳"五育并举"等关键内容。在未来社会背景下，对教育方针的再规划是一种必然，这种变革是历史发展的必然、社会进步的必然，亦是推动教育发展的必然。对教育方针的再规划，需要以马克思主义系统论视角考量未来社会背景下，教育的实践性、历史性和社会性，衡量教育内部各要素间的联系，彰显国家对教育实践的指导，凸显教育方针的纲领性意义，进一步增强教育方针的法律功效。未来教育方针或将进一步强调教育为社会主义现代化服务的功能，凸显教育对国家和社会的意义，更加注重"全人"教育，再次回应未来教育要"培养什么样的人"。第二，对教育现代化发展的再考量。2019年《中国教育现代化2035》发布，为未来教育现代化发展树立了远景目标。在计划实践过程中，很多有关未来教育现代化发展的问题值得我们明确。党的二十大报告中多次强调中国式现代化，如何走好中国式教育现代化值得我们思考。对于实现教育现代化的"中国方案"，有学者指出，"中国式教育现代化道路选择具有'主体自觉'；为解决世界教育现代化难题提供'中国经验'；为探索人类教育现代化的'中国道路'指明方向"[30]。实现中国教育现代化2035年远景目标，还需要进一步明确几个要点，即教师问题、人才问题、中国式道路问题、评价标准问题以及现代化治理能力和治理体系等问题。第三，对教育高质量发展的再阐释。对于未来教育高质量发展，我们需要知道未来教育发展到哪一水平即为"高质量"，还要知道未来教育"高质量"的评价标准是什么。有学者指出，"教育质量是'过程量'"[31]，所以对教育质量的评价多以学生的质量来衡量。亦有学者指出："高质量发展是对教育发展状态的一种事实与价值判断，意味着教育在'质'与'量'两个维度上达到优质状态。"[32]对未来教育的高质量发展水平评价，有一点可以明确，即必须要脱离简单经济学上对于"量"的关注，更要注重未来教育高质量发展的全面性、系统性、科学性，对教育高质量发展有清晰明确的界定，对教育高质量发展水平有科学有效的衡量标准，才有进一步实现高质量发展的切实可行的依据。

（二）回应社会诉求

教育本身就是一种社会现象，它"为人类所特有，为社会所需要，并为社会所制约"[33]。且教育与其他社会现象之间存在广泛的联系和相互作用。恩格斯指出："从相互联系、联结、运动、产生和消亡的普遍联系和运动的过程考察事物是辩证法的基本方法。"[34]未来教育的发展不会脱离社会内部各要素的制约。社会诉求这一评价要素处于未来教育结构中的感应机构，反映当下社会人民群众对未来教育的期望，未来教育发展需要对其予以回应，主要有以下几点。第一，打破应试困境。早有学者指出，"应试教育指的是一种考试主义或一种以考试为中心并对其他教育价值具有强烈排斥性的教育"[35]。我国当下考试制度不属于纯粹意义上的应试教育制度，但是"应试"这一教育评价方式将在较长时间跨度内依然存在。我们现行教育是以"素质教育"为核心、以立德树人为根本、以德智体美劳全面发展为目标的实现学生全面发展的教育，与应试教育已经有显著差别。但"应试"带来的消极影响依然存在。总体来看，"应试"的筛选功能利大于弊。未来教育发展期望短期内废止"应试"几乎不可能，但必然会将教育的人才筛选功能做多渠道的丰富，为学生发展打通更多、更宽广路径，不单单寄希望于"应试"。第二，解决家庭焦虑。家庭焦虑的根源，多半由"应试"这一问题引起。近年来，"教育内卷化"成为教育领域研究的一大热点，知识的富集、竞争压力的增加，令无数家长和学生在"卷"与"被卷"中徘徊，教育成为竞争稀缺资源的一种手段。为缓解这一焦虑，国家及时出台"双减"政策，以减轻学生学业负担和课外辅导压力。目前，"双减"政策实施成效显著，这一"焦虑"似乎被转移到另一个层面，家长没有放弃对孩子的"培育"，这种压力被转移到了更隐蔽、更深的层面。究其根本，"焦虑"的源头没有得到解决。与"内卷"相对的一个热词是"躺平"，在竞争日益激烈的社会背景下，"躺平"成为人们试图摆脱焦虑的一种方式。未来教育发展，要从引起家庭焦虑的源头寻找解决策略，重视社会就业、高校扩招等问题，为实现终身教育助力，帮助家长树立正确的人才观，为学生未来发展提供更多可能。第三，全面实现教育公平。教育公平的实现并非一蹴而就的，长久以来为推动我国实现教育公平，国家作出了一系列努力，如 2016 年《关于统筹推进县域内城乡义务教育一体化改革发展的若干意见》、2018 年《国家乡村振兴战略规划（2018—2022 年）》、2020 年《关于加强新时代乡村教师队伍建设的意见》、2021 年《中共中央 国务院关于实现巩固拓展脱贫攻坚成果同乡村振兴有效衔接的意见》等，大大推动了教育公平的实现，成绩斐然。未来教育发展目标，将更加注重教育资源的合理分配和利用，进一步推进城乡教育均衡发展，推进教育公平发展进程，实现教育现代化，扎实落实教育的过程公平，"系统考量教育资源配置的三种合理性原则,即平等原则、差异原则和补偿原则,以经济公平、政治公平来促进教育公平"[36]。

(三) 满足学生发展

建构主义学习理论指出:"以学生为中心,强调学生对知识的主动探索、主动发现和对所学知识意义的主动建构,同时注意文化环境等因素对学生发展的影响。"[37]教育活动与其他社会活动最显著的差异是,教育的对象是有思想、有意识的人,教育的目的是实现人的全面发展,教育的过程是培养人的过程,不论在当下教育还是在未来教育背景下,这一本质不会改变。在对未来教育的评价要素作用关系分析中,学生发展是执行机构中的一大核心要素。怎样实现学生发展?实现学生怎样的发展?依旧是未来教育关注的重点,总的来看有三个方面。第一,实现学生全面发展。关于人的全面发展理论是马克思主义学说的核心部分,"'人的全面发展'既是个人的理想、追求和信念,也是社会的理想、追求和信念,个人和社会不断朝着这个目标和方向努力和接近"[38]。要实现学生的全面发展,不能脱离社会对"培养人"的要求,不能脱离国家的人才培养目标。"核心素养"标准的制定,将学生全面发展理念进一步具体化,这种"全面发展",应是个体内部各项素养平衡的"和谐发展",是对德智体美劳全面发展的完美呈现;这种"全面发展",更是遵循学生个人意愿的"自由发展",每个人都有决定自己发展方向的权力和自由。在未来教育中,要在现有"核心素养"框架的基础上做进一步完善,积极落实学生全面发展的核心素养要点,平衡学校内部各项教育措施,将"人的全面发展"理念行在实处。

第二，保障学生个性发展。要实现学生的个性发展，就要开展相应的个性化教育，而"个性化教育就是要给每个学生提供适合的教育"[39]，让每个学生实现个性发展、展现个人发展意愿，这是对学生受教育权的更高层次的尊重，也是满足学生发展意愿的重要体现。在未来教育体系下，为每个学生提供适合的教育，一方面，要加大对教育的投入，进一步精简班级学生额，着力推进"小班化"办学，让教师能关注到每一位同学的发展需要；另一方面，要拓宽学生的个性发展路径，在学校增加选修课程，让学生能够平等地参与、接触各类教育。积极培养学生的兴趣，发展学生的创新能力，树立正确的人才观，培养真正的"大国工匠"。第三，落实学生健康发展。在未来教育过程中，学生的健康发展要关注两个层面，一个是学生体质的健康发展。《"健康中国2030"规划纲要》指出："健康是促进人的全面发展的必然要求，是经济社会发展的基础条件。"[40]保障学生的健康发展，是学生开展一切活动的基础。就目前我国青少年近视发病率来看，要保障学生的身体健康，必须延长学生的课外活动时间，丰富学生课外活动内容，让学生有外出锻炼的兴趣和机会。另一个是学生心理的健康发展。网络的普及，为学生带来一系列"知识快餐"，这一现象导致知识的异化，对学生心理发展产生很大影响。在"立德树人"层面，学校要注重开展学生心理素质教育，提高学生的耐挫力和责任感，加强学生生命教育。

（四）适应科技进步

党的二十大报告明确指出："教育、科技、人才是全面建设社会主义现代化国家的基础性、战略性支撑"，"必须坚持科技是第一生产力、人才是第一资源、创新是第一动力"[41]。教育要培养面向未来的人才，在"物"的层面，科技进步将为教育带来整体性的变革，对未来教育发展的影响不可忽视。为适应科技进步对未来教育的影响，可从以下三个方面着手。第一，吸纳神经科学先进成果。人脑是由上千亿神经元相互联系形成的复杂系统，对人的感知、记忆、认知等行为产生重要影响，"人的大脑在结构和功能上均会受到环境的影响，通过外界刺激使得个体的经验发生变化，进而促进认知发展"[42]。目前，已有相当多的神经科学研究成果应用到教育当中。未来教育的科学化发展，离不开对脑科学和神经科学等领域成果的吸纳借鉴。脑科学等生物学、心理学领域的研究成果，将广泛应用到未来教育当中，在很大程度上推进未来教育的发展，加深未来教育的科学化、标准化程度，如神经教育学研究等。第二，继续推进教育信息化发展。从 2012 年教育部印发《教育信息化十年发展规划（2011—2020 年）》，到 2016 年印发《教育信息化"十三五"规划》，再到 2018 年印发《教育信息化 2.0 行动计划》，教育信息化发展程度和发展水平不断提升，大数据、区块链等信息技术被广泛应用到教育领域，先进技术与教育的融合程度不断提高，教师信息素养也大幅提升。在未来教育中，要继续推进教育信息化发展，加深信息技术与教育的融合，注重提高教研人员的信息化素养，进一步加强教育信息化研究基地、教育信息化科研"共同体"的建设，在全国各地积极创设"智慧教育示范区"，以区域发展带动本地教育信息化水平的提升。第三，持续开展人工智能研究。2019 年，联合国教科文组织和 ProFuturo 在 Mobile Learning Week 共同发布的《教育中的人工智能：可持续发展的机遇和挑战》工作报告，为教育政策制定者预测了人工智能的影响[43]。在人工智能与教育的融合路径上有两个导向，一是人工智能教育，二是"人工智能+教育"，未来教育发展也将围绕这两个导向，实现人工智能与教育的深度融合。一方面，要注重人工智能化人才的培养，加强人工智能教育创新，加强人工智能教育设备的开发和应用，培养具有人工智能高素养的科研人才和应用人才。另一方面，要注重教育领域对人工智能的应用，着力解决人工智能教育资源稀缺问题，推进人工智能设备进校园，配备专业的人工智能教学器材，开发相关课程，研制人工智能教育教学资源，加强对教师的专业化训练，为未来人工智能驱动教育打下基础。

参考文献：

[1] 国际委员会. 一起重新构想我们的未来：为教育打造新的社会契约［M］. 北京：教育科学出版社，2022：145.

[2] Black A W. What is the Future of Futurology? ［J］. Australian Journal of Social Issues, 1974, 9 (4)：262-272.

[3] 孙建光, 孙予涵. 中国未来学发展历史、现状及思考［J］. 未来与发展, 2022, 46 (6)：1-5.

[4] [12] [26] 张继泽. 未来学［M］. 贵阳：贵州人民出版社，2013：2, 37, 41.

[5] Uchida S. The Scientific Basis of Futurology and its Major Task ［C］. Challenges from the Future：Proceedings of the International Future Research Conference, Kyoto, Japan, edited by International Future Research Conference Committee. 1969, 1：125-32.

[6] 卡尔·波普尔. 历史决定论的贫困［M］. 杜汝楫, 邱仁宗, 译. 北京：华夏出版社，1987：序.

[7] 林艳梅. 历史规律外在于人吗?——评波普对历史决定论的诘难 [J]. 北京大学学报(哲学社会科学版), 2000 (03): 78-86.

[8] Lahav R. Futurology and Education: Four Futurologists and Their Theories of Education [J]. The Journal of Educational Thought (JET) /Revue De La Pensée Éducative, 1973: 48-64.

[9] 温良华. 教育未来学 [M]. 昆明: 云南大学出版社, 1989: 1.

[10] 许可峰. 未来教育学论纲 [J]. 教育科学研究, 2015 (12): 44-48.

[11] 陈玉琨. 教育评价学 [M]. 北京: 人民教育出版社, 1999: 7.

[13] 成有信. 教育的职能和教育的阶级性 [J]. 北京师范大学学报, 1992 (04): 51-54.

[14] 中央教育工作领导小组印发《关于深入学习宣传贯彻党的教育方针的通知》[EB/OL]. 中国政府网. (2021-05-26) [2022-11-22]. http://www.gov.cn/xinwen/2021/05/26/content_5612798.htm.

[15] 褚宏启. 教育现代化的本质与评价——我们需要什么样的教育现代化 [J]. 教育研究, 2013, 34 (11): 4-10.

[16] 中共中央关于制定国民经济和社会发展第十四个五年规划和二〇三五年远景目标的建议 [EB/OL]. 中国政府网. (2020-11-03) [2022-11-22]. http://www.gov.cn/zhengce/2020-11/03/content_5556991.htm.

[17] [18] [33] 胡德海. 教育学原理 [M]. 兰州: 甘肃教育出版社, 1998: 215, 315, 14.

[19] 孙杰远. 教育之本真: 尊重人, 理解人, 发展人 [J]. 教育家, 2021 (35): 1.

[20] [39] 顾明远. 个性化教育与人才培养模式创新 [J]. 中国教育学刊, 2011 (10): 5-8.

[21] 汪信砚. 马克思哲学中的人的全面发展与自由个性 [J]. 社会科学战线, 2005 (03): 33-35.

[22] 尼葛洛庞帝著, 数字化生存 [M]. 胡泳, 等, 译. 海口: 海南出版社, 1997: 271.

[23] 杨雄里. 脑科学和素质教育刍议 [J]. 教育理论与实践, 2002 (02): 1-10.

[24] 孙杰远. "云时代"的文化范式与教育变革 [J]. 国家教育行政学院学报, 2014 (11): 37-41.

[25] 万百五. 21世纪控制论的发展态势: 纪念控制论创立70周年 (1948-2018) (评论) [J]. 控制理论与应用, 2018, 35 (01): 1-12.

[27] 中国社会科学院语言研究所词典编辑室. 现代汉语词典(第七版) [M].

北京：商务印书馆. 2016：1526.

[28] 魏宏森，曾国屏. 系统论的基本规律［J］. 自然辩证法研究，1995 (04)：22-27.

[29] 党的十八大报告［EB/OL］. 共产党员网．（2012-11-17）［2022-11-24］. https://www.12371.cn/2012/11/17/ARTI1353154601465336_7.shtml.

[30] 张志勇，袁语聪. 中国式教育现代化道路刍议［J］. 教育研究，2022，43（10）：34-43.

[31] 刘凡丰. 教育质量的概念及评价方法［J］. 学位与研究生教育，2003 (01)：29-33.

[32] 柳海民，邹红军. 高质量：中国基础教育发展路向的时代转换［J］. 教育研究，2021，42（04）：11-24.

[34] 邬焜. 恩格斯的辩证法［J］. 系统科学学报，2017，25（01）：17-23.

[35] 刘朝晖，扈中平. 论"素质教育"与"应试教育"的对立性［J］. 课程·教材·教法，2005（10）：3-8.

[36] 褚宏启. 关于教育公平的几个基本理论问题［J］. 中国教育学刊，2006 (12)：1-4.

[37] 刘献君. 论"以学生为中心"［J］. 高等教育研究，2012，33（08）：1-6.

[38] 扈中平. "人的全面发展"内涵新析［J］. 教育研究，2005（05）：3-8.

[39] 中共中央 国务院印发《"健康中国2030"规划纲要》［EB/OL］. 中国政府网．（2016-10-25）［2022-11-27］. http://www.gov.cn/zhengce/2016-10/25/content_5124174.htm.

[40] 习近平代表第十九届中央委员会向党的二十大作报告［EB/OL］. 共产党员网．（2022-10-16）［2022-11-28］. https://www.12371.cn/2022/10/16/ARTI1665901576200482.shtml.

[41] 付道明，华子荀. 互联网大脑进化形态下的类脑泛在学习系统：教育神经科学的视角［J］. 远程教育杂志，2021，39（06）：9-19.

[42] 王佑镁，宛平，赵文竹，柳晨晨. 科技向善：国际"人工智能+教育"发展新路向——解读《教育中的人工智能：可持续发展的机遇和挑战》［J］. 开放教育研究，2019，25（05）：23-32.

An Analysis of the Evaluation Elements of Future Education from the Perspective of Educational Futurology

Sun Jieyuan   Yu Ling

Abstract: Education itself is a social activity to cultivate people for the future. The research on future education is closely related to futurology and educational futurology. The analysis of the evaluation elements of future education cannot be separated from the discussion of futurology and educational futurology. The evaluation elements of future education are the essence and core issues affecting the development of the whole future education. They are fundamentally different from the elements of future education evaluation, mainly including four elements: national will, social appeal, student development and scientific and technological progress. There is a wide interaction between the evaluation elements of future education and future education, which mainly uses inductive institutions to feed back the needs of future education development, and the executive institutions to regulate the process of future education development. The overall performance is the interaction between the control system and the controlled system. The future development of education should take the evaluation elements of future education as the basic function point, and highlight the national will, respond to social demands, meet students' development and adapt to scientific and technological progress as the focus, so as to help the future development of education.

Keywords: Educational Futurology; Future Education; Assessment Element

改革开放以来我国教育评价制度的发展历程、实践进展与改革路向[*]

司林波　王伟伟[**]

摘　要：教育评价制度是对教育评价活动所遵循的办事规程、行动准则的体系化。改革开放以来，在党的坚强领导与政府的大力推动下，我国教育评价制度建设经历了初步实践、全面实施、快速发展和深化提质等基本阶段，已逐步形成了包括党委和政府教育工作评价、学校评价、教师评价、学生评价以及用人评价等多方面多类型的教育评价制度体系，有效促进和保障了我国各项教育事业的快速发展。但教育评价制度在发展的过程中，也表现出评价导向不科学、评价主体参与程度不均衡、评价标准的片面

---

[*] 本文系2020年度国家社科基金教育学重点项目"促进教育治理能力提升的教育评价制度改革研究"（项目批准号：AFA200009）和陕西省教育科学"十四五"规划2021年度一般课题"陕西新时代高等教育评价制度改革推进路径研究"（项目批准号：SGH21Y0069）的阶段性成果。

[**] 司林波，西北大学公共管理学院/碳中和学院教授，博导；王伟伟，西北大学公共管理学院博士生。

化、评价工具创新程度不足以及评价结果运用重鉴定轻改进等突出问题。为了适应新时代教育评价改革的实践需要，应该正确把握评价导向、建立健全多主体参与机制、构建多元多维的指标体系、大力开发创新评价工具、构建结果运用的责任体系。

关键词： 教育评价制度　评价主体　评价标准　评价工具　评价结果

教育评价事关教育发展方向，建立完善的教育评价制度能够为教育评价的实施提供制度化依据。进入新时代，在我国推动教育事业实现内涵式发展的过程中，教育评价始终扮演着我国教育治理的"指挥棒"角色，并深刻地影响着公共资源的配置、学校的办学行为、教师的育人行为、学生的未来发展、社会的教育观念以及家庭的教育选择[1]。改革开放以来，我国正式开始推进教育评价制度的建设和发展，至今已有40多年时间。那么在长期的发展历程中，我国教育评价制度究竟形成了哪些具体的内容，其发展现状如何，目前存在哪些问题，其未来发展趋势如何？这些问题的回答对新时代教育评价制度的发展与完善具有重要意义。

一　改革开放以来我国教育评价制度的发展历程

教育评价是在科学全面地收集、整理和处理教育信息的基础上，对教育活动满足社会和个体需要的程度作出判断的活动。从本质上来说，教育评价是一种价值判断的活动，是对客体满足主体需要程度的判断[2]。教育评价制度则是指在一定的教育价值观指导下，基于现实发展的需要而建立起来的，要求人们在教育评价活动中共同遵守的法律法规、办事规章和行为准则等规则体系。改革开放以来，伴随着我国教育事业的快速发展，我国的教育评价制度经历了由初步实践、全面实施、快速发展到变革创新的不同阶段，作为一项重要的教育质量保障手段，教育评价在我国加快推进教育现代化、建设教育强国、办好人民满意的教育的过程中始终发挥着重要作用。

（一）初步实践阶段（1978~1984年）

新中国成立后，我国就开始了具有中国特色的教育评价制度建设的探索，但普遍认为我国的教育评价制度发展主要形成于改革开放以后。吴钢提出在全国高等学校统一招生考试恢复之后，我国教育评价制度的研究和实践才逐步恢复和兴起[3]，肖远军等也认为真正意义上的教育评价活动始于1977年以后[4]。1978年，我国开始实施改革开放，这有力地推动了国外教育评价理论在国内的传播，而且我国刚刚结束了长达十年的教育停滞局面，社会局势稳定发展，各层次教育工作逐步恢复，需要对整顿以及重建教学秩序的任务成效作出评价，教育评价的重要性便不断凸显，并开始进入政府的政策议程。

（二）全面实施阶段（1985~1999年）

1985年中共中央颁布了《关于教育体制改革的决定》，其中首次正式提出"高等学校办学水平评估问题",这标志着我国教育评价的研究和实践进入全面实施阶段。1995年《教育法》明确规定,"国家实行教育督导制度和学校及其他教育机构教育评估制度"[5],教育评价的法律地位从而得到确定。在这一阶段,改革开放向纵深发展,我国初步确立了社会主义市场经济体制,政治体制改革不断深入[6],在此背景下,我国教育评价制度也进入一个新时期,一方面,市场经济的发展进一步增强了政府与社会对教育质量的关注;另一方面,为了使教育评价工作有法可依,建立符合各级各类教育要求的评价和监督体系成为教育发展的第一要务[7],随着相关政策文件的陆续出台,我国逐步形成了正规开展教育评价工作的局面。

(三)快速发展阶段(2000~2009年)

进入21世纪,我国高等教育逐渐由"精英教育"向"大众化教育"转变,九年义务教育基本普及,在教育数量快速增长的同时迫切需要通过教育评价手段保障教育发展的质量水平,我国教育评价制度进入快速发展阶段。一方面,我国自1999年实施高校扩招政策之后,高等教育规模持续扩张,教育规模发展与教育质量发展之间表现出非均衡性,如何提升教育质量成为教育工作的中心议题。另一方面,我国的教育管理理念发生转变,由"追求效率"转向"效率与主体价值张扬并重",学校办学则由外延式发展转向注重质量的内涵式发展[8]。在以质量为核心的教育发展模式下,我国教育评价制度的发展水平也得到进一步提升。

(四)深化提质阶段(2010年至今)

进入中国特色社会主义建设新阶段,为全面提高教育评价质量，我国 2010 年制定的《国家中长期教育改革和发展规划纲要（2010—2020 年）》明确提出："开展多元参与的教育评价活动、整合国家教育评估机构及资源、探索与国际高水平教育评估机构合作、促进管办评分离、推进素质教育等内容。"[9]这是新时期论述我国教育评价制度最多、最广、最深入的纲领性文件，我国教育评价制度至此进入深化提质阶段。在这一时期，大数据、人工智能、5G、物联网、区块链等技术快速发展，为教育评价领域的技术变革奠定了基础，与此同时，政府的教育评价职能不断转变，教育评价的独立性也得到提升。

在深化提质阶段，教育改革也开始进入深水区，教育评价改革作为最难啃的"硬骨头"成为事关整个教育领域改革成效的关键所在。习近平总书记在 2018 年全国教育大会上提出要深化教育体制改革，健全立德树人落实机制，扭转不科学的教育评价导向，坚决克服唯分数、唯升学、唯文凭、唯论文、唯帽子的顽瘴痼疾，从根本上解决教育评价指挥棒问题[10]。这就说明经过长期的发展历程，我国教育评价制度在取得突出成绩的同时，也积累了诸多顽瘴痼疾。新时代进一步推动教育评价制度的改革与发展，就必须对我国教育评价制度发展的现实状况进行客观、全面的归纳分析，坚持问题导向，才能为破除教育评价实践中的顽疾精准施策。

二 改革开放以来我国教育评价制度发展的实践进展

要对改革开放以来我国教育评价制度的发展状况进行考察，首先就要对我国教育评价的各项制度设计进行整体梳理，在此基础上，一方面要看到各项制度建设所取得的成绩，另一方面则要认识到我国教育评价制度在长期发展过程中所存在的问题，这是制约我国教育评价制度进一步完善的关键所在，同时也是推进新时代教育评价制度改革的着力点。

（一）教育评价制度体系建设成绩显著

2020 年，中共中央、国务院在《深化新时代教育评价改革总体方案》（以下简称《总体方案》）中将我国教育评价改革的重点任务确定为党委和政府教育工作评价、学校评价、教师评价、学生评价和用人评价五个方面，这五个方面的制度设计构成了我国教育评价制度体系的基本框架。通过对教育评价制度的主要内容进行分析可知，在党和政府的大力推动下，我国教育评价各项制度建设均取得了诸多成绩，在促进教育事业发展中发挥了重要的导向作用，充分彰显了我国的制度优势。

1. 党委和政府教育工作评价制度不断完善

党委和政府教育工作评价制度是对各级党委落实领导责任、各级政府履行教育职责的情况进行评价的制度，具体包括党委的教育工作领导责任制度和政府的教育管理与督导制度。

（1）党委的教育工作领导责任制度

我国实行党委对教育工作的领导责任制度，各级党委以及党组织在学校党建工作、师德建设工作、思想政治以及意识形态工作等方面承担着重要的领导职责。1985 年《中共中央关于教育体制改革的决定》提出，学校党组织要把精力集中到党的建设和加强思想政治工作上来，这便明确了党在学校工作中的职责定位。在基础教育方面，我国2016年印发了《关于加强中小学党的建设工作的意见》，从而明确了党组织在中小学的政治核心作用。在职业教育方面，国务院2019年印发的《国家职业教育改革实施方案》中也提出要由学校党组织牢牢把握学校意识形态工作的领导权，将党建工作与学校事业发展同部署、同落实、同考评。在普通高等教育方面，2021年修订的《中国共产党普通高等学校基层组织工作条例》则进一步对高校党委、高校院级单位党组织、教职工党支部以及学生党支部的主要职责进行了细化。由此可知，党委统一领导是我国各级各类教育工作开展的重要特征，《总体方案》中也提出各级党委要认真落实领导职责，从而再次明确了党在我国教育工作发展过程中的领导地位。

(2) 政府的教育管理与督导制度

政府的教育管理与督导制度是对政府的教育职责履行情况、各级各类教育工作的推进情况等进行监督、管理与评估的制度设计，评价主体主要为上级政府以及受政府委托的第三方机构，评价结果则往往作为对政府及其有关部门领导干部进行考核与奖惩的依据。2003年，教育部出台了《关于建立对县级人民政府教育工作进行督导评估制度的意见》，评估工作通过县级自评、地（市）级复查、省级督导评估、结果反馈等程序进行。2017年5月，国务院印发了《对省级人民政府履行教育职责的评价办法》，我国则开始启动对省级政府的教育职责评价工作，并在2019年和2020年分别出台了相应的评价方案。目前，我国已经逐渐建起政府教育工作评价与督导的常态化机制，政府教育工作评价与督导的各级工作体系也愈加完善。

综上所述，在党委和政府教育工作评价上，目前已经形成了中央、省、市、县四级教育工作评价体系，各方面体制机制不断得到强化。在评价理念上，党委和政府教育工作评价制度建设坚持习近平新时代中国特色社会主义思想、坚持社会主义办学方向，这充分彰显了我国教育评价制度的核心价值导向。就工作进展而言，2018年，我国开展了首轮对省级政府履行教育职责的评价工作，同时构建起了顶层有设计、责任有分工、规划有落实、进展有督查、奖惩有通报的监管体系[11]，有效促进了各级政府严格履行教育职责的积极性与主动性。在评价内容上，党委的教育工作领导责任更加明确，思想政治、意识形态等成为各级党委领导学校教育工作的重要抓手；对政府评价的指标体系则更加精准，从2018年开始，对省级政府教育职责评价的指标不断精简，评价重点也更为突出。

2. 对各级各类学校的教育教学评价制度逐步健全

学校评价制度是以各级各类学校为评价对象，针对学校办学、教育教学管理、学科建设等方面进行评价的制度，主要包括学校教育督导评估制度、学校教育教学质量评价制度、学科评估制度以及"双一流"建设评价制度等。

（1）学校教育督导评估制度

学校教育督导评估制度是由教育督导部门对各级各类学校实施督导评估的制度设计。我国在1991年颁布的《教育督导暂行条例》中明确规定，要对下级政府、教育行政部门以及学校的教育工作进行监督、检查、评估、指导。在基础教育层面，我国在1991年和1997年分别制定、修订了《普通中小学校督导评估工作指导纲要》，以该文件为基础，我国开始在全国范围内大力推进对中小学的督导评估工作。在职业教育层面，国务院教育督导委员会办公室在2016年分别印发了《中等职业学校办学能力评估暂行办法》和《高等职业院校适应社会需求能力评估暂行办法》，从而为各级各类职业院校的督导评估工作提供了政策指导。在高等教育层面，1990年国家教委发布的《普通高等学校教育评估暂行规定》将合格评估、办学水平评估以及选优评估作为对高等学校进行督导评估的重要形式，这是我国第一部有关高等教育督导评估的法规，为后期高等教育督导评估工作的开展奠定了基础。2012年，以确保教育法律、法规、规章和国家教育方针、政策的贯彻执行为目的，国务院出台了《教育督导条例》，从而为我国对各级各类学校教育督导评估的实施提供了法律保障。

（2）学校教育教学质量评价制度

学校教育教学质量评价制度是对各级各类学校的办学水平、教学质量、学生发展、师资建设、人才培养等方面进行评价的制度设计。在基础教育方面，2021年《义务教育质量评价指南》明确将办学方向、课程教学、教师发展、学校管理以及学生发展五个方面作为学校办学质量评价的重点内容，这便明确了我国对中小学进行教育教学质量评价的总体思路。对职业学校教育教学质量的评价则更加突出职业技能人才培养、校企合作、产教融合等内容，2019年国务院出台的《国家职业教育改革实施方案》便提出建立以学习者的职业道德、技术技能水平、就业质量、产教融合、校企合作水平为核心的职业教育质量评价体系。在高等教育方面，本科教学评估则是最为典型的教育教学质量评价制度。本科教学评估从2003年开始，每五年一个评估周期。按照2011年《教育部关于普通高等学校本科教学评估工作的意见》的规定，本科教学评估的主要内容包括学校自我评估、院校评估、专业认证及评估、国际评估以及教学基本状态数据常态监测，从而形成了"五位一体"的本科教学评估制度体系，并在高校人才培养、教育教学质量提升等方面发挥了重要作用。

（3）学科评估制度

学科评估，即一级学科整体水平评估，是教育部学位与研究生教育发展中心根据《学位授予和人才培养学科目录》的学科划分，对具有研究生培养和学位授予资格的一级学科所进行的评估活动。学科评估的目的在于帮助高校了解自身学科建设成效，促进高校的学科建设与发展，并为社会提供高校学科水平的客观信息。我国的学科评估工作从2002年开始，目前已经进行到第五轮。2020年11月教育部发布了《第五轮学科评估工作方案》，同时制定了《第五轮学科评估指标体系框架》，第五轮学科评估工作正式启动。评估工作按照一级学科分别设置指标体系，并通过自愿申请、信息采集、信息核实、信息公示、反馈复核、专家评价、问卷调查、结果形成、结果发布、诊断分析等程序进行。

（4）"双一流"建设评价制度

"双一流"建设评价制度是对高校及其学科建设进行评价的制度，具体包括对"双一流"高校、学科的遴选评价以及建设成效评价等内容。2015年《国务院关于印发统筹推进世界一流大学和一流学科建设总体方案的通知》中提出统筹推进世界一流大学和一流学科建设，从高等教育大国向高等教育强国转变。2017年，教育部等出台的《统筹推进世界一流大学和一流学科建设实施办法（暂行）》对"双一流"的遴选条件、程序、支持方式等作出了具体规定，同年教育部等印发了《关于公布世界一流大学和一流学科建设高校及建设学科名单的通知》。2020 年，国务院、财政部等联合出台了《"双一流"建设成效评价办法（试行）》，对"双一流"建设成效评价的实施作出了全面、系统的规定。2022 年 2 月，教育部、财政部、国家发展改革委印发《关于深入推进世界一流大学和一流学科建设的若干意见》，第二轮"双一流"名单正式公布，不再区分"世界一流大学建设高校"和"世界一流学科建设高校"，淡化身份色彩，分类发展，引导各高校在各具特色的优势领域和方向上创建一流。"双一流"建设评价制度进一步完善。

总而言之，在学校评价上，我国已经建立起覆盖学前教育、基础教育、职业教育以及高等教育等各级各类学校的督导评估制度，对各级各类学校教育教学质量评估的方案与实施办法陆续出台，学科评估与"双一流"建设评价工作有序推进，教育评价已经成为学校教育质量保障、学科建设与学校整体建设水平提升的关键手段。在评价内容上，学校评价制度的考察内容不断丰富，基本涵盖了学校管理、教育教学、人才培养、师资建设、学生发展等重点内容。在评价主体上，以学校自评为基础，政府、专家以及第三方机构等均在学校评价过程中发挥了重要作用，有效保障了评价工作的权威性、科学性与专业性。

3. 教师评价制度进一步完善

通过对教师评价相关政策文件进行梳理可以发现，我国的教师评价制度形成了教师职称制度、教育教学考核评价制度、师德考核评价制度以及教师科研评价制度等具体的制度类型。

(1) 教师职称制度

教师职称制度是按照一定标准对教师职称进行评定的制度形式。2012年《国务院关于加强教师队伍建设的意见》中提出分类推进教师职务（职称）制度改革，完善对各类教师的职务（职称）评价标准，目前，我国对各级各类学校教师分别制定了相应的职称级别，并按照规范化程序实施职称评审工作。2017年教育部出台了《高校教师职称评审监管暂行办法》，从而为高校教师职称评审的规范化开展提供了政策保障。我国对各级各类教师职称评定的标准主要涉及师德、能力、业绩与贡献等具体内容，人社部与教育部在2020年印发的《关于深化高等学校教师职称制度改革的指导意见》中便提出将师德表现作为职称评审的首要条件，突出教育教学实绩在职称评审中的比重，从而使教师的品德、能力与业绩成为教师职称评审的重要导向。

(2) 教育教学考核评价制度

教育教学考核评价制度是对各级各类学校教师的专业水平、教学实绩、教学质量等进行考核评价的制度类型。2012年《国务院关于加强教师队伍建设的意见》中便明确提出健全教师考核评价制度，同年，教育部针对中小学以及中等职业学校教师制定了相应的专业标准，从而为考核教师的专业能力提供了重要参考。2016年《教育部关于深化高校教师考核评价制度改革的指导意见》对高校教师的教育教学业绩考核作出了更加明确的规定，并提出严格教育教学工作量考核、加强教学质量评价、健全教学激励约束机制、强化课堂教学纪律考核等改革建议。2018年《中共中央 国务院关于全面深化新时代教师队伍建设改革的意见》以及《总体方案》则提出对教师的考核评价要突出教育教学实绩。以上述政策文件为基础，教育教学考核评价制度已经成为一项常态化的教师评价制度，在促进教师切实履行教育职责、引导教师潜心教书育人等方面发挥了重要作用。

（3）师德考核评价制度

师德师风是考核教师的第一标准，我国早在1991年便制定了《中小学教师职业道德规范》，并在1997年和2008年进行了两次修订，《中等职业学校教师职业道德规范（试行）》以及《高等学校教师职业道德规范》则分别在2000年和2011年出台。可以说，我国已经建立了比较全面的教师职业道德规范体系，这便为师德考核评价制度的建立与实施奠定了重要基础。2012年《国务院关于加强教师队伍建设的意见》提出完善师德考评制度，"将师德表现作为教师资格定期注册、业绩考核、职称评审、岗位聘用、评优奖励的首要内容"[12]，这便把师德评价摆在了教师评价的关键位置。为了进一步强化师德建设，教育部在2013年、2014年分别出台了《关于建立健全高校师德建设长效机制的意见》和《关于建立健全中小学师德建设长效机制的意见》两个文件，师德考核从而成为师德建设长效机制的重要一环。《总体方案》则再次重申了师德师风在教师评价中的首要地位，师德考核评价也逐渐走向常态化。

（4）教师科研评价制度

教师科研评价制度是对教师的学术贡献、科研创新成果等进行评价的制度类型。2012年《教育部关于全面提高高等教育质量的若干意见》中提出改进高校科学研究评价办法，"建立以科研成果创造性、实用性以及科研对人才培养贡献为导向的评价激励机制"，

2016年《教育部关于深化高校教师考核评价制度改革的指导意见》进一步提出完善科研评价导向，坚持服务国家需求，注重实际贡献，探索建立"代表性成果"评价机制，针对不同类型、不同层次教师实行分类评价，建立合理的科研评价周期等具体措施，从而对教师科研评价的导向、方法以及时间等作出了明确规定。《总体方案》则对高校教师科研评价提出了进一步的改进意见。现阶段，教师科研评价制度正处于变革与调整的时期，在评价实施的具体办法上还有待于出台更加系统化的政策文件进行完善。

由上可知，在评价理念上，我国对教师评价的各项制度设计均立足于教师教育职责的履行以及教书育人使命的实现。在评价内容上，师德、能力、贡献与业绩等是教师考核评价与职称评审的重点。师德考核更是被提升到新的高度，各级各类学校逐步建立起师德建设长效机制，政治思想与师德师风成为教师岗位招聘、职称评审、评优评先等的首要标准。与此同时，教师职称制度改革持续深化，教师的职业发展空间也在不断拓展。在评价方法上，分类分层评价、代表性成果评价、同行专家评价、外部专家评审等在教师考核评价中得到推广实施。对教师评价的主体更加多元，高校教师的职称评审也开始探索引入第三方独立评价，评价结果更加客观科学。

4. 促进学生全面发展的评价制度逐渐建立健全

我国实行以促进学生发展为目标的评价制度，促进学生德智体美劳全面发展，在全社会树立科学的成才观念是实行学生评价制度的根本目标。具体而言，学生评价制度主要包括德育评价制度、学业评价制度、体育评价制度、美育评价制度、劳动教育评价制度等类型。

(1) 德育评价制度

德育评价制度是根据一定的德育目标,对各级各类学生的政治、思想、道德、法制以及心理等方面进行考察评价的制度。中共中央、国务院在 2004 年出台了《关于进一步加强和改进大学生思想政治教育的意见》,并将加强和改进大学生的思想政治教育当作一项重大而紧迫的战略任务。2005 年《教育部关于整体规划大中小学德育体系的意见》则对各教育阶段的德育工作作出了更加全面的规划,与此同时,对学生的德育评价工作也持续展开。2014 年,教育部对《中等职业学校德育大纲》进行了修订,其中明确提出将学生的品德评定情况作为学生综合素质评价和评优评先的重要内容,2017 年教育部出台的《中小学德育工作指南》同样提出认真开展学生的品德评价,并将其纳入学生综合素质评价体系。《总体方案》则进一步就完善德育评价提出了一系列相关措施,从而对各学段学生德育评价工作的有序开展起到了重要推动作用。

(2) 学业评价制度

学业评价制度是针对不同学段学生的培养特点制定学业标准,从而对学生的学业水平进行评价的制度。我国所开展的普通高中学生学业水平考试,学士、硕士以及博士学位论文抽检等均是学业评价制度的具体体现。按照 2014 年《教育部关于加强和改进普通高中学生综合素质评价的意见》的规定,学业水平是学生综合素质评价的重要内容,主要考查学生对各门课程基础知识、基本技能等的掌握情况,2021 年《义务教育评价指南》也将学业发展作为学生发展质量评价的考察维度之一，《总体方案》则要求严格学业标准，严把出口关。针对高校学生的学位论文抽检工作，教育部在2014年和2021年分别制定了《博士硕士学位论文抽检办法》以及《本科毕业论文（设计）抽检办法（试行）》，从而使学位论文抽检成为监测、评价高校学生学业质量的重要手段。

（3）体育评价制度

为激励学生积极参加体育锻炼、不断提升学生的体质健康水平，我国将体育评价作为各教育学段学生评价的重要内容。2014年教育部出台了《学生体质健康监测评价办法》，并对《国家学生体质健康标准》进行了修订，该办法提出实行全体学生测试制度，并将监测结果作为学生综合素质评价、学业水平考试以及高校学生评优评先、毕业考核的重要依据。2016年《关于强化学校体育促进学生身心健康全面发展的意见》出台，体育考核评价在学生升学以及高校招生录取中的作用得到进一步强化。《总体方案》以及《关于全面加强和改进新时代学校体育工作的意见》则分别就强化体育评价、积极完善评价机制提出更为具体的措施。目前，严格实施体育考核评价已经成为各学段学生评价工作的重要任务，学生体育评价的各项机制也逐渐完善。

（4）美育评价制度

美育评价主要是对学生的艺术素养进行考查，旨在培养学生感受美、表现美、鉴赏美以及创造美的能力。2014年《教育部关于推进学校艺术教育发展的若干意见》提出建立中小学学生艺术素质评价制度，将艺术素质测评纳入学生综合素质评价体系，我国对学生实施美育评价的制度得以初步确立。2019年《教育部关于切实加强新时代高等学校美育工作的意见》出台，其中提出完善高校美育评价体系，研制艺术人才培养评价标准，对高校学生的美育评价工作也开始受到重视。《总体方案》和《关于全面加强和改进新时代学校美育工作的意见》则分别就改进美育评价、推进评价改革提出了相关措施，至此，我国对各级各类学校学生的美育评价工作开始全面展开。

（5）劳动教育评价制度

对学生进行劳动教育评价是我国学生评价制度的重要内容，也是提高学生劳动素养的重要途径。2015年《教育部共青团中央全国少工委关于加强中小学劳动教育的意见》中提出建立学生劳动评价制度，将参加劳动次数、劳动态度、实际操作、劳动成果等作为评价内容，并将具体劳动情况记入学生综合素质档案，为升学、评优提供参考，这便为学生劳动教育评价的实施作出了初步规划。2020年3月，中共中央、国务院出台了《关于全面加强新时代大中小学劳动教育的意见》，为健全劳动素养评价制度提出了具体措施，并进一步提出将劳动素养评价结果作为高一级学校录取的重要参考。同年7月，教育部印发《大中小学劳动教育指导纲要（试行）》，将劳动教育评价分为平时表现评价、学段综合评价和劳动素养监测三种形式，并对评价的具体实施作出了系统性规定，以该文件为基础，我国学生劳动教育评价的制度化与规范化水平得到了显著提升。

促进学生的全面发展是我国对学生进行评价的重要价值追求。在评价内容上，德育、体育、美育以及劳动教育已经被纳入学生综合素质评价体系；考试招生制度改革不断深入，全国各地普遍推行体育中考，部分省开始进行美育中考试点；学业标准更加严格，硕士、博士学位论文抽检制度进一步完善，本科毕业论文抽检试点工作开始启动，对高校学生学业成果的考查不断强化。在评价方法上，对各级各类学校学生的评价开始强化过程评价、探索增值评价以及综合评价等多元评价方法的运用，各省市普遍建立起以互联网为依托的各类教育监测与学生综合素质评价系统，学生评价的科学化水平不断提升。

5. 人才评价的各项管理制度逐步完善

用人评价制度是指用人单位在人才选拔、人才使用以及人才激励等方面的评价制度，具体可以分为选人用人评价制度以及人才评价制度。

（1）选人用人评价制度

选人用人评价制度的内容主要表现为用人单位在人才招聘、人才使用上所制定的各种标准，如党政机关、事业单位、国有企业等所设置的各种招考条件等。2016年中共中央印发了《关于深化人才发展体制机制改革的意见》，其中提出改进人才考核评价方式，"坚持德才兼备，注重凭能力、实绩和贡献，克服唯学历、唯职称、唯论文等倾向"[13]，《总体方案》则就如何改革用人评价进一步作出了明确规定，提出要树立正确的用人导向、促进人岗相适。作为我国教育评价制度体系的重要组成部分，选人用人评价制度的发展深刻地影响着整个教育评价制度的发展，习近平总书记提出，"事业兴衰，唯在用人；用人之要，重在导向"，因此，树立正确的评价导向，改革不合理的选人用人标准便是我国建立健全选人用人评价制度的目标所在。

(2) 人才评价制度

人才评价制度是在各种人才计划以及项目实施过程中通过给予人才特定的入选标识，从而对其成就、贡献以及影响力等表示肯定的制度。我国目前已经实施过各种类型的人才计划，各种人才称号数量繁多。人才评价实质上是一种荣誉机制，但是目前却出现了人才称号泛滥的情况，《总体方案》所提出的"五唯"，其中之一便是"唯帽子"。2020年教育部出台了《关于正确认识和规范使用高校人才称号的若干意见》，为扭转高校"唯帽子"的倾向，其中提出正确认识高校人才称号、推进人才计划改革、强化人才称号获得者岗位管理等诸多措施。此外，将人才称号与薪酬待遇等挂钩的现象也较为普遍，2017年《教育部办公厅关于坚持正确导向促进高校高层次人才合理有序流动的通知》中便提出科学合理统筹人才薪酬待遇，不得以高薪竞价挖掘人才，也不能简单以各种人才与学术头衔确定薪酬待遇。通过以上分析可知，我国正在不断加强对各种人才称号的使用与管理，进而促进各种人才评价活动的规范开展。

在新时代改革用人评价重点任务的引领下，人才评价的管理机制不断得到强化，对人才"帽子"的使用更加严格、规范，对人才的考核评价方式也更加多元。在评价理念上，树立正确的用人导向与人才评价观念是我国对用人单位所提出的总体要求。在评价内容上，党政机关、事业单位、国有企业等正逐渐建立起以考查能力和品德为重点的人才选用机制，从而对社会用人观念的不断转变起到关键引导作用。在评价主体上，企业与市场对人才评价的主体地位更加凸显，高校对教师职称评价的自主权也得到进一步落实。

（二）我国教育评价制度发展存在的问题不容忽视

虽然我国的教育评价制度建设已经取得了诸多进展，但总体而言仍处在不断发展的过程中。进入新时代，深化改革已经成为我国推动教育评价制度发展的重要任务，我国教育评价制度发展也面临着突出问题，这些问题也严重制约着我国教育评价制度的进一步发展。

1. 不科学的教育评价导向需要继续扭转

我国各项教育评价制度长期以来存在评价导向不科学的问题。在党委和政府教育工作评价上，部分地方政府的教育政绩观不恰当，误将"一本率""清北率"等作为彰显地区教育质量的标志，并以此评价教育工作成效，严重破坏了地方教育生态。在学校评价上难以摆脱以学校排名、升学率等论学校优劣的倾向。学生评价导向的最大症结突出表现为重分数轻素质、重智育轻德育。在教师评价上还存在重教书轻育人、重科研轻教学、重数量轻质量等情况。用人评价则受到"唯学历""唯名校""唯帽子"等导向的不良影响，此外，各种人才"帽子"泛滥，从而对高校人才称号的荣誉性与学术性造成了冲击。

2. 多元评价主体参与程度不均衡依然存在

在党委和政府评价上，政府部门既是评价对象又是评价主体，第三方评价机构多受政府委托参与评价过程，最终的评价决策权则掌握在政府手中。在学校评价上，本科教学评估、专业认证评估以及学科评估等都是政府直接组织或者委托具有官方背景的事业单位实施[14]，学生与教师评估的主体地位没有得到充分彰显，社会多元评估不足。在教师考核评价与职称评审的过程中，教育行政部门与学校管理人员、教师以及同行专家等是最主要的评价主体，学生的评价权力相对有限，对"双师型"教师的评价则缺乏行业、企业主体的参与。在学生评价上，学校以及教师是各级各类学生评价的主体，学生的自我评价与自我反思相对不足，由学校、教师、家长、学生等共同参与学生评价过程的评价办法与评价机制还有待完善。

3. 评价标准的片面化需要进一步破解

长期以来，学生评价依然存在简单以分数给学生贴标签的做法，缺乏对学生德育、体育、美育、劳动教育全要素的深入考查。对学校评价的各项指标设计虽然坚持定性与定量相结合的原则，但是大部分评价仍然以量化指标为主，SCI论文数量、引用率、影响因子等指标已经成为院校排名、学科评估、资源配置的核心标准。在对教师的评估工作中，简单依照学生成绩、升学率等考核中小学教师的情况依然存在，对高校教师的职称评审、科研评价等则过于强调论文、项目、经费等数量指标以及学术头衔的决定作用。在选人用人评价上，部分单位人为设置学历门槛，单纯以学历、毕业院校、留学经历等作为人才招聘、选拔的硬性指标，违背了人岗相适的基本原则，也不利于各类人才脱颖而出。

4. 评价工具的创新亟须进一步加强

对政府、学校、教师以及学生所实施的大部分评价活动往往以结果评价为主，对评价对象各方面发展情况的增值性考查相对较弱，难以有效把握各教育主体发展的过程质量。对教师教育教学的考核评价缺乏有效手段实现对教师教学过程的动态监测，对高校教师的科研评价则依然存在"数论文""数帽子"的现象，如何实现定量评价与定性评议方法的科学融合还有待于进一步研究。对学生德智体美劳全要素的评价是对学生发展情况的全面考察，具有复杂性、长期性、动态性等特征，需要借助一定的信息化手段来完成，但是当前得到普遍应用的各类学生综合素质管理系统、数据库以及电子档案等过于关注量化数据的收集与处理，重在形式评价，而忽视了对实质性内容的全面探索与分析，评价工具的整体创新性与有效性有待提升。

5. 评价结果运用重鉴定轻改进的局面有待进一步矫正

重鉴定而轻改进是目前很多教育评价活动在结果运用上存在的突出问题。在各类教育评价活动中，评价结果的好坏与评价对象的切身利益往往具有密切联系，对于政府、学校、教师、学生以及各类人才等被评价对象而言，对其进行评价的结果会分别影响到政府的教育政绩，学校得到的资源支持，教师的职称评定、荣誉称号、学术权力，学生的升学就业以及人才的职业发展等。与此相应，目前教育评价的功能也突出表现在结果甄别上，结果运用的发展性不足。教师职称以及各种人才称号等普遍与薪酬待遇挂钩，教育评价成为利益争夺的工具，这加重了教育评价结果运用的功利化倾向，进而弱化了教育评价的改进与激励功能。

三 新时代我国教育评价制度的改革路向

经过长期的探索，我国教育评价的各项制度建设在不断发展的同时，也呈现突出的问题，已严重制约我国教育事业的健康发展，为了适应新时代对教育评价改革的要求，我国教育评价制度改革必须高度重视和顺应如下几方面的改革趋势。

（一）正确把握教育评价导向，树立科学的评价观念

评价导向不科学，究其原因是相关主体认识不清晰、评价观念滞后。首先，部分政府官员以学校管理人员的教育政绩观念不恰当，将升学率、清北率、中高考状元数量等作为政绩的体现，然而有什么样的教育政绩观，就有什么样的教育管理观[15]，从而向教师、学生与家长等传导了不良的教育评价信号。其次，部分社会公众以及用人单位的评价观念相对滞后，仍然保持着对考试成绩、升学率、学历、论文、人才称号的热衷，从而模糊了教育评价的目标导向，更造成了教育评价领域的乱象。最后，政府、学校、教师、学生等对自身的根本任务与价值使命认识不足，误将追求升学率、排名等数量指标的提升作为自身努力的方向，扭曲了教育评价的价值本真。因此，正确把握教育评价导向，必须树立科学的评价观念，一方面，各级党委与政府应正确认识教育评价工作的根本价值所在，切实扭转不恰当的教育政绩观，把科学履行职责纳入各级党委和政府的绩效考核体系，不断强化教育问责机制，对于各级政府以及学校教育工作所出现的功利化与短视化行为，必须严格追究学校上级党委的领导监督责任以及教育主管部门的监督督导责任。另一方面，要大力推进教育评价价值理念的宣传教育工作，确保各级各类学校在科学的评价导向下推进教育教学以及学校管理等工作的实施，同时引导全社会树立科学的育人观念、成才观念以及选人用人观念。

（二）建立健全多元参与机制，充分发挥多主体评价效能

我国的教育评价制度是建立在"管办评"分离的制度框架下的，它主要包含三个要素，一是政府宏观管理，二是学校自主办学，三是社会广泛参与[16]，但是我国多元主体平等参与的教育评价机制还需完善。首先，政府与社会在教育评价中权力的转移与主体地位格局的转变必然是一个长期的过程，教育评价的行政性依然较强。其次，学生、家长等社会主体的教育评价权力还缺乏坚实的制度保障。最后，专业评价机构、评价组织、行业协会等第三方教育评价机构自身缺乏独立性，大部分第三方评价机构仍具有较强的政府背景，无法真正实现"管办评"分离[17]。此外，第三方教育评价机构的专业认证、市场准入与监督机制还不健全，从而不利于其平等参与教育评价过程。因此，要充分发挥多主体评价效能，必须要建立健全多元参与机制。首先，政府应进一步加快职能转变，深入推进教育领域简政放权，不断提升教育评价的社会化水平。其次，要对多元评价主体的地位与责任予以明确，提高社会主体的评价效力，畅通评价渠道，将多元主体协同参与评价过程制度化。最后，要加大对行业企业、第三方评价机构以及相关社会组织的培育与支持力度，鼓励各地方政府建立教育评价第三方机构，推动独立第三方参与评价过程，在对第三方评价机构的认证、准入与监管上则要制定严格规范，确保其合理、合法参与教育评价过程。

（三）构建多元多维的指标体系，坚决克服"五唯"倾向

教育评价中的"唯分数""唯升学""唯文凭""唯论文""唯

帽子"等现象是评价标准片面化与单一化的具体表现。一方面,这是因为我国对各级各类学校、教师以及学生进行评价的指标体系还不完善,各地方以及学校在制定具体评价方案时往往倾向于对评价指标进行过度量化与过度简化处理,而"五唯"的本质就是绝对化、片面化、形式化和一刀切[18]。另一方面,在管理主义思维下,对于教育评价效率的追求也间接导致教育评价标准的异化扭曲。我国的教育管理体制本就带有强烈的行政色彩,教育评价也表现出管理主义的逻辑。强调效率是管理主义教育评价的本质所在[19],在行政化的教育评价工作中,很多评价主体丧失了自我反思的意识,也丧失了对评价质量与评价效果的关注,进而使得过度简化的评价标准逐渐成为教条化的评价准则。因此,坚决克服"五唯"倾向,必须构建多元多维的指标体系。首先,应从多元视角、多维内容入手,不断丰富各类教育评价活动的指标体系。其次,要坚持"破立并举"的改革思路,在科学的评价导向下,围绕对政府、学校、教师、学生以及社会用人评价进行改革的重点任务,加强对多元化评价指标的研发与创新,在数量化的"硬性"指标之外大力发掘"软性"指标。最后,以改进结果评价、加强过程评价、探索增值评价、健全综合评价为牵引,合理控制"分数""升学""文凭""论文""帽子"等标准的使用限度,对评价指标进行合理筛选与科学赋权,促进评价标准制定与使用的科学化、合理化与专业化。

(四)大力开发创新评价工具,提升信息技术的应用水平

我国在教育评价工具的研究与开发上相对滞后,到目前为止仍然没有建立起成熟的教育评价学科体系,国内高校还尚未开设教育

评价相关专业，对教育评价技术的研究与开发也处于较为缓慢的状态，对于许多学科和能力还没有科学的被大家广泛接受的评价工具[20]。此外，评价主体对信息化评价手段的运用能力也相对不足，评价工具的使用效率较低。有学者对中西部的3万余名中小学教师所进行的调查显示，能够熟练掌握"学习管理系统"以及"电子程序表格"的教师分别占22.7%、42.8%，更有超过半数的教师反映对信息技术软件不熟练[21]，所以说，评价主体自身能力的欠缺也制约了信息化评价技术效用的充分发挥。因此，政府、高校、科研院所等评价主体要积极探索教育评价与大数据、人工智能等现代化信息技术的有机融合[22]。不断提升教育评价的智能化水平，通过技术手段科学记录学生、教师在教学过程中的行为数据，保持实时、动态的学情监测与教学监测。此外，还要提高评价主体使用信息化评价技术的能力，在部分高校尽快设立教育评价相关专业，广泛开设教育评价相关课程，培养一批能够牢固掌握教育评价知识、熟练应用教育评价技术的专业人才。

（五）构建结果运用的责任体系，强化结果的综合运用

评价的最终目的不是证明，而是改进，重鉴定而轻改进的功利化取向是目前很多教育评价活动在结果运用上所存在的突出问题。分数、升学、文凭、论文等指标所体现的是教育的外在工具价值，但是一旦和评价对象的利益挂钩，必然导致教育本体价值的疏离[23]，对教育评价的公平性与公正性也具有不利影响。《总体方案》中提出要"完善评价结果运用，综合发挥导向、鉴定、诊断、调控和改进的作用"，重鉴定而轻改进这一问题的出现，原因就在

于教育评价结果运用机制的整体功能建设还不完善,在政策制定上对于诊断、调控、改进等环节的关注度相对不足,在实践中则缺乏相关措施及时跟进,进而导致重结果鉴定而轻改进这一问题的出现。因此,要提高评价结果的应用效果,必须构建结果运用的责任体系。首先,要建立教育评价结果运用的责任体系,明确相关主体的目标与责任,将结果鉴定、问题诊断、政策调控与结果改进各环节任务的全面落实作为教育评价结果有效运用的关键。其次,要加强对教育评价结果运用的监督与管理,对评价结果运用责任的落实情况进行定期考查,同时评价改进成效,坚决克服功利化、短视化倾向。最后,要在全社会努力营造良好的评价生态,新闻媒体要对教育评价结果运用的政策规定进行大力宣传与解读,促进教育评价结果运用环境的不断改善。

综上所述,我国教育评价制度是党和政府在不同历史时期根据教育发展的现实需求对教育评价政策的调整和转换过程[24]。改革开放以来,我国教育评价制度在探索中不断改革和完善,并在党的领导下,逐渐形成了具有中国特色的教育评价制度体系。作为一种严密的制度形态,它对教育评价过程中相关主体的行为具有规范作用。我国进入中国特色社会主义新时代,对教育评价制度改革提出了更高的发展要求。教育评价制度发展也呈现突出的问题,严重制约了我国教育事业的健康发展。推进教育评价制度改革,必须在党委和政府教育工作责任、学校办学导向、教师教书育人、学生全面发展以及社会选人用人等诸多方面扭转不科学的评价导向,真正建立以立德树人为根本任务的新时代教育评价制度体系。

参考文献：

[1] 周洪宇.以科学的教育评价推动新时代教育学发展[J].中国教育学刊，2020（12）：1-2.

[2] 陈玉琨.教育评价学[M].北京：人民教育出版社，2019：13.

[3] 吴钢.我国教育评价发展的回顾与展望[J].教育研究，2000（08）：27-32.

[4] 肖远军，邢晓玲.我国教育评价发展的回眸与前瞻[J].江西教育科研，2007（12）：12-14.

[5] 教育部.中华人民共和国教育法[EB/OL].（1995-03-18）[2022-02-25].http：//www.moe.gov.cn/s78/A02/zfs__left/s5911/moe_619/201512/t20151228_226193.html.

[6] 葛孝亿，张春美."政社合作"视角下高等教育评估制度的重构[J].教育学术月刊，2019（12）：44-48+87.

[7] 冯虹，朱瑞.20世纪90年代以来我国教育评价政策的回顾及展望[J].教育测量与评价，2019（11）：28-33.

[8] 顾志跃，李彦荣.我国教育评价的现状、问题与发展对策[J].人民教育，2007（12）：2-6.

[9] 冯晖，吴磊.教育评估的政策演进、现状剖析及推进逻辑[J].现代教育科学，2018（10）：134-138+149.

[10] 习近平出席全国教育大会并发表重要讲话[EB/OL].（2018-09-10）[2022-02-28].www.gov.cn/xinwen/2018-09/10/content_5320835.htm.

[11] 教育部.笔直奋进 答好人民群众"关切题"——2018年教育改革发展取得新的突破性进展[EB/OL].（1995-03-18）[2022-03-03].http：//www.moe.gov.cn/jyb_xwfb/s5147/201901/t20190121_367510.html.

[12] 国务院关于加强教师队伍建设的意见[EB/OL].中国政府网.（2012-09-07）[2022-02-28].http：//www.gov.cn/zwgk/2012-09/07/content_2218778.htm.

[13] 中共中央印发《关于深化人才发展体制机制改革的意见》[EB/OL].中国政府网.（2016-03-21）[2022-02-28].http：//www.gov.cn/xinwen/2016-03/21/content_5056113.htm.

[14] 刘振天，罗晶.高等教育评价"双刃剑"：何以兴利除弊[J].大学教育

科学，2021（01）：4-12.

[15] 张志勇. 推进党委和政府教育工作评价改革的有效路径［J］. 人民教育，2020（23）：39-42.

[16] 何秀超. 教育督导推进教育"管办评"分离的思考［J］. 教育研究，2019，40（02）：124-130.

[17] 张国民. 从"四个评价"视角审视高职院校的外部质量评价［J］. 职教论坛，2020，36（09）：12-18.

[18] 瞿振元，张炜，陈骏，等. 深化新时代教育评价改革研究（笔谈）［J］. 中国高教研究，2020（12）：7-14.

[19] 徐彬，苏泽. 论教育评价改革的动因、阻力与路向［J］. 当代教育科学，2020（02）：80-85.

[20] 赵勇. 教育评价的几大问题及发展方向［J］. 华东师范大学学报（教育科学版），2021，39（04）：1-14.

[21] 彭湃. 为高阶学习而评价——表现性评价及其在高等教育学习成果评估中的应用［J］. 高等教育研究，2015，36（11）：55-63.

[22] 司林波. 新时代教育评价改革的现实背景、内在逻辑与实践路向［J］. 陕西师范大学学报（哲学社会科学版），2022（01）：96-110.

[23] 靳玉乐，朴雪涛，赵婷婷，等. 笔谈：新时代教育评价改革与制度创新［J］. 大学教育科学，2021（01）：13-25.

[24] 司林波，裴索亚. 中国共产党百年教育评价制度发展的历程、特征与展望［J］. 现代教育管理，2021（10）：1-11.

The Development Process, Practical Progress and Reform Path of my Country's Education Evaluation System since the Reform and opening up

Si Linbo   Wang Weiwei

Abstract: The education evaluation system is the systematization of the procedures and action standards of educational evaluation activities.

Since the reform and opening up, with the party's strong leadership and the strong promotion of the government, the construction of my country's education evaluation system has gone through basic stages such as preliminary practice, comprehensive implementation, rapid development, and deepening quality improvement. It has gradually formed a multi-type education evaluation system including party committee and government education work evaluation, school evaluation, teacher evaluation, student evaluation, and employment evaluation, which effectively promotes and guarantee the rapid development of various education undertakings in my country. However, in the process of the development of the education evaluation system, it also shows that the evaluation orientation is unscientific, the participation of the evaluation subject is uneven, the sideline of the evaluation standard, insufficient innovation of evaluation tools, as well as the outstanding issues that pay attention to identification, but not pay attention to improvement. In order to meet the practical needs of education evaluation reform in the new era, it is necessary to correctly grasp the evaluation orientation, establish and improve multi-main participation mechanisms, build a multi-dimensional index system, vigorously develop and innovate evaluation tools, and build a responsible system for the use of results.

Keywords: Education Evaluation System; Evaluation Subject; Evaluation Standards; Evaluation Tools; Evaluation Results

教育评价的实践路径

冯晖 刘磊[*]

摘 要：教育评价不仅是保障和提高教育质量与办学水平的重要手段，更是教育改革发展的指挥棒。从历史维度纵向梳理，我国近 40 年教育评价实践经历了探索萌发、全面推进、快速发展和深化改革等四个阶段，每个阶段都有其特定的发展使命和特点。从形势维度横向洞悉新时代教育评价的使命与任务，需置身建设教育强国目标中定位教育评价的价值和功用，把立德树人成效作为教育评价的根本标准，把系统解决评价指挥棒问题作为评价的根本指向，整体推进"四个评价"引领教育改革发展，坚持统筹兼顾提升教育评价改革的系统性、整体性和协同性，充分运用现代信息技术手段提升评价专业化水平。从项目维度解析评价项目开展，围绕项目立项、项目设计、项目实

---

[*] 冯晖，上海市教育评估院党总支书记、副院长（主持工作）、研究员、博士；刘磊，上海市教育评估院职业与成人教育评估所所长。

施、项目总结和元评价等五个环节探索建立规范的实践路径。

关键词： 教育评价　教育评估　发展脉络　实践路径

通常来说，教育评价（Educational Evaluation）是指评价主体根据一定的目的，依据一定的教育目标和评判标准，采用有效的方法和手段，对教育活动的价值作出判断的过程，以期促进提高教育质量和办学水平与效益。教育评价作为科学概念，是20世纪40年代美国教育专家泰勒（R. W. Tyler）经过为期八年的新教育课程的改革试验后在总结报告中首次提出的。由此，现代教育评价正式诞生，其内涵从教育测量扩大到关注课程、教学过程，其作用从以选择、认证为主转向强调诊断、反馈，成为考查教育效果和促进教育改革的重要手段。随之，教育评价逐渐成为教育质量保障体系的重要组成部分，也成为政府监管教育质量与办学水平、优化资源配置的重要手段和学校改进办学实践的重要动力。经过几十年持续不断的发展，逐渐形成了分别以测量（Measurement）、描述（Description）、判断（Judgment）和协商（Negotiation）为特征的四代教育评价，它们并不是后一代对前一代的否定和替代，而是视具体的评价任务选择使用和相互补充[1]。

我国改革开放以后，通过举办学术会议、国外考察交流活动、翻译国外著作等，开始介绍和引进国外教育评价的理论与方法，开展了教育评价的研究与实践。我国起初翻译引进"educational evaluation"概念时，通常将其翻译为"教育评价"，这也符合

"evaluation"的词根"value"（价值）之意，恰好呼应了"评价的核心是价值判断"，体现了"评价"与"价值"密切相关。但同时，由于"评价"与"评估"的词义十分接近，均意指衡量评定人或事物的价值，国内在理论研究与工作实践中经常出现"教育评价"与"教育评估"两者混用甚至通用的情况，并且都将概念的起源追溯到教育测量和美国著名的"八年研究"及其代表人物。另外，我国最初是在高等教育领域开展相关实践活动，由于对高等学校办学水平、专业、课程的评判过程中一般需要基于标准、依赖同行专家的知识和经验作出主观判断，具有主观推测、估量、判断和认定的成分，因此一般采用"评估"一词。而在基础教育领域，由于开展评价活动时，学生的思想品德、学业成绩、身心健康、兴趣特长、综合素质等通常是主要关注的内容，除了同行专家通过现场观察、个别访谈、资料查阅等作出评判之外，对学生进行测试以及对相关人员开展问卷调查等直接获取量化结果是评价的主要方式，因此普遍采用"评价"一词。

经过40余年的发展，我国教育评价的实践发展脉络如何？当前教育评价改革的方向和任务有哪些？具体实践层面应该如何操作？本文从历史维度纵向梳理教育评价的发展脉络，有助于把握教育评价的前世今生及发展过程中的特点，为当前的教育评价提供借鉴和启发；从形势维度洞悉新时代教育评价的新使命和新任务，有助于从宏观视野把握教育评价导向和战略重心；从项目维度解析教育评价实践的规范路径，有助于探索形成规律性、程式化的评价规程，进一步促进教育评价的科学性与专业化。

一 历史维度：教育评价的发展脉络

我国教育评价的实践发展与国家的教育评价政策和有关评价机构的建立与发展密不可分，通过梳理，按照不同时期政策文件的主要目的和侧重，教育评价的实践发展可分为探索萌发、全面推进、快速发展和深化改革等四个阶段[2]，每个阶段都有其自身的发展使命和特点。

（一）探索萌发阶段（1983~1993年）

随着我国改革开放，我国教育领域也开始介绍引进和学习消化吸收国外先进的管理经验，现代教育评价的思想和试点实践也开始探索萌发，教育评价制度机制的"从无到有"探索和建立是此阶段最显著的特征。20世纪80年代，我国开始邀请国外学者介绍传播现代教育评价的思想，例如，1983年教育部邀请国际教育成就评价协会（IEA）主席、瑞典教育学家胡森（T. Husen）等专家来华讲学，介绍世界教育发展态势及教育评价研究与实践活动的动态；1986年华东师范大学邀请美国著名教育家和心理学家布卢姆（B. Bloom）来华举办"教育评价专题学术报告会"等。随后，我国学者也翻译和引进了一些国外有关文献，例如1987年华东师范大学出版社出版的布卢姆等著的《教育评价》，1988年吉林教育出版社出版的日本学者橋田勗一著的《教育评价》等。

在引进借鉴和消化吸收国外先进成果的基础上，我国政府结合国内实际情况，在高等教育领域开展试点，探索我国教育评价实践，着手建立我国教育评价制度。1985年5月颁布的《中共中央关于教育体制改革的决定》提出要"对高等学校的办学水平进行评估"，这是国家文件中首次提出教育评估。同年6月原国家教委在黑龙江召开具有里程碑意义的"高等工程教育评估问题专题研讨会"，11月原国家教委下发《关于开展高等工程教育评估研究和试点工作的通知》，开展了高等工程本科教育评估试点。1990年11月，在试点探索的基础上，原国家教委印发了《普通高等学校教育评估暂行规定》，提出要建立包括合格评估、办学水平评估、选优评估在内的高等教育评估体系，这是我国第一部关于高等教育评估的部门规章，确立了我国高等教育评估制度的基本框架。

1991年，原国家教委颁布《教育督导暂行规定》，以部门规章的形式确立了我国教育督导制度的基本框架，指出教育督导的任务是"对下级人民政府的教育工作、下级教育行政部门和学校的工作进行监督、检查、评估、指导"。明确中小学教育、幼儿园教育被纳入教育督导和评估范围，同时提出教育督导的对象不仅是学校的工作，也包括下级人民政府的教育工作和下级教育行政部门的工作，以保证国家有关教育的方针、政策、法规的贯彻执行和教育目标的实现。本阶段国家颁布的文件多带有"试点""暂行"的探索试路性质，但对各级各类教育的改革发展都产生了深刻影响，为教育评价的后续发展起到了十分重要的导向和奠基作用。

同时，国家层面陆续成立了一些教育评价组织。1990年10月，中国教育学会成立了全国第一个相关学术团体——全国普通教育评价专业委员会。1991年6月，中国教育评估研究协作组在天津大学成立。1992年底，原国家教委成立了全国高等学校设置评议委员会。这些组织的成立对推进教育评价和引导地方建立评估组织起到积极作用。

（二）全面推进阶段（1993~2010年）

教育评价在全面推进阶段的典型特征是全面性和制度化。全面性体现在教育评价的范围和对象拓展到各级各类教育，国家层面的有关政策文件均兼顾各级各类教育的评价要求。制度化的一个表现是在政策文件方面明确提出建立教育评价（或评估）的制度框架和标准框架等，以及教育领域相关法律的频繁颁布，从法律层面确定了教育评价（或评估）的制度设计。制度化的另一个表现是不论是国家层面还是各地方相继成立了专业的教育评价机构和评估机构，彰显了全面推进教育评价的阶段特征。

1993年，中共中央、国务院颁布了《中国教育改革和发展纲要》，明确指出要"建立各级各类教育的质量标准和评估指标体系，各地教育部门要把检查评估学校教育质量作为一项经常性的任务"。明确了教育质量是教育评估的内容，强调了评估的制度化，并提出了加强学校教育评估的专业性和社会性要求。1999年颁布实施的《中共中央、国务院关于深化教育改革全面推进素质教育的决定》，提出"建立自上而下的素质教育评估检查体系"。2004年国务院批转教育部《2003—2007年教育振兴行动计划》，提出要完善高等学校教学质量评估保障机制，包括建立高等学校教学质量评估和咨询机构，实行以五年为一周期的全国高等学校教学质量评估制度；规范和改进学科专业教学质量评估，逐步建立与人才资格认证和职业准入制度挂钩的专业评估制度等。

1995年颁布的《中华人民共和国教育法》第二十五条明确规定"国家实行教育督导制度和学校及其他教育机构教育评估制度"。确立了教育评估的法律地位。随后，教育领域的法律纷纷将评估作为重要内容纳入法律条款，赋予政府部门开展教育评估的法定职能。例如，1996年颁布的《中华人民共和国职业教育法》第十一条规定"县级以上地方各级人民政府应当加强对本行政区域内职业教育工作的领导、统筹协调和督导评估"。1998年颁布的《中华人民共和国高等教育法》第四十四条规定"高等学校的办学水平、教育质量，接受教育行政部门的监督和由其组织的评估"，强调了教育评估是政府对教育进行宏观管理与指导的重要手段。

　　以上政策文件和相关法律，充分说明我国教育评价进入全面性推进、制度化发展的阶段，各级各类教育全面稳步开展教育评价或评估，教育评价逐步快速发展、蓬勃开展。

　　同时，为有效开展实施教育评估活动，各类教育评估组织和评估机构相继成立，如1994年"高等学校与科研院所学位与研究生教育评估所"成立（2003年更名为"教育部学位与研究生教育发展中心"），2004年"教育部高等教育教学评估中心"成立（2022年更名为"教育部教育质量评估中心"）。在地方上，最早成立的教育评估机构是1996年成立的"上海市高等教育评估事务所"（2000年成立的"上海市教育评估院"的前身）和1997年成立的"江苏省教育评估院"。后来，辽宁省、云南省、广东省、山东省、北京市、黑龙江省、安徽省、福建省和重庆市等地相继成立了省级教育评估机构，青岛、宁波等地成立了地市级区域的教育评估机构。近年来，我国一些高校也相继成立了"教学质量管理办公室"

或类似机构。2004年2月，全国第一个教育评估方面的地方专业性社会组织——上海市教育评估协会正式成立。这些评价组织和机构的成立极大地推动了我国教育评价活动的展开和教育评价功能地位的提升与作用发挥。

（三）快速发展阶段（2010~2020年）

在此阶段，无论是国家层面还是各地方教育行政部门均认识到教育评价对于推动教育发展的重要作用，纷纷将教育评价作为教育管理的重要手段和教育治理的重要内容，教育评价的地位和作用日益凸显。2010年颁布的《国家中长期教育改革和发展规划纲要（2010—2020年）》中37次出现"评估"或"评价"，足以显现教育评价的重要性。该文件明确提出要"开展由政府、学校、家长及社会各方面参与的教育质量评价活动"。"建立和完善国家教育基本标准。整合国家教育质量监测评估机构及资源，完善监测评估体系，定期发布监测评估报告。""探索与国际高水平教育评估机构合作""促进管办评分离""实行绩效评估"等，对教育评估的机构组织、体系框架、标准制定、方法改进和国际合作等作了明确阐述，是我国改革开放以来对教育评价产生深远影响的文件。

随后，2012年国务院颁布《教育督导条例》，提出建立健全"督政、督学、评估监测""三位一体"的中国特色社会主义教育督导体系，探索教育督导对各级各类教育全覆盖的新要求，从法规上进一步确立教育督导的职能，在政府职能转变的过程中，建立健全教育决策、执行、监督既相互制约又相互协调的权力结构和运行机制，形成权责一致、分工合理、决策科学、执行顺畅、监督有力的行政管理体制。该条例的出台标志着我国教育督导走上法制化的轨道。

在《国家中长期教育改革和发展规划纲要（2010—2020年）》和《教育督导条例》两份重磅文件的指引下，国家和地方的教育行政部门开展了大量的教育评估或评价实践，教育评价与评估成为教育领域的热议话题，同时也出现了评估手段使用过度化的情形，甚至出现政府管理教育存在越位、缺位、错位的现象，学校自主发展、自我约束机制尚不健全，社会参与教育治理和评价还不充分等问题。2015年5月，教育部印发《关于深入推进教育管办评分离 促进政府职能转变的若干意见》，要求厘清政府、学校、社会之间的权责关系，构建三者之间良性互动机制，构建系统完备、科学规范、运行有效的制度体系，形成政府依法管理、学校依法自主办学、社会各界依法参与和监督，决策、执行、监督相互协调、相互制约的教育公共治理结构。

在快速发展阶段，教育评价的确为推动教育发展起到了"助推器"和"加速器"的作用，国家和地方各种重大项目、各类人才工程等纷纷落地，短时间为我国教育实践注入强劲活力和巨大动能。但同时，教育评价实践层面存在项目过多和多头重复，评价内容、评价标准、评价方式等发生"走偏"的问题，在某种程度上又影响了教育事业的健康可持续发展。习近平总书记在2018年全国教育大会上指出，要"深化教育体制改革，健全立德树人落实机制，扭转不科学的教育评价导向，坚决克服唯分数、唯升学、唯文凭、唯论文、唯帽子的顽瘴痼疾，从根本上解决教育评价指挥棒问题"。全面深化教育评价改革呼之欲出。

（四）深化改革阶段（2020 年以后）

经过快速发展阶段，教育评价"指挥棒"问题已经越来越凸显，教育评价中"五唯"倾向严重、导向不合理、方法不科学等问题，以及评价标准绝对化、评价内容片面化、评价方式简单化、评价结果运用功利化等现象严重制约了教育创新发展，严重影响了教育高质量发展。自 2020 年开始，我国出台了多份重量级文件，直指教育评价问题，教育评价实践进入深化改革阶段。在此阶段，围绕的主题是实现教育的高质量发展，深化改革的对象是所有影响教育高质量发展的因素，亟待解决的问题有教育督导体制机制问题和教育评价的"指挥棒"问题。

针对教育督导体制机制问题以及教育评价多头重复的问题，2020 年 2 月，中共中央办公厅、国务院办公厅印发《关于深化新时代教育督导体制机制改革的意见》，指出要增强教育督导机构的相对独立性，建立教育督导部门统一归口管理、多方参与的教育评估监测机制，对各级各类学校办学行为和教育质量进行评估监测，为改善教育管理、优化教育决策、指导教育工作提供科学依据。

如果说《关于深化新时代教育督导体制机制改革的意见》是从体制机制上扭转教育评价问题，属于宏观层面的体制机制改革，那么，2020 年 2 月教育部、科技部印发《关于规范高等学校 SCI 论文相关指标使用树立正确评价导向的若干意见》则属于实招硬招，破除论文"SCI 至上"，破除"唯论文"的导向，推动高等学校回归学术初心，净化学术风气，优化学术生态。

2020年10月，中共中央、国务院印发了《深化新时代教育评价改革总体方案》，吹响了全面深化新时代教育评价改革的冲锋号，这是新中国第一个关于教育评价系统性改革的纲领性文件和建设教育强国的行动指南。该文件的基本定位是坚持以立德树人为主线，以破"五唯"为导向，以五类主体为抓手，积极探索改进与新时代相匹配的育人评价模式、教育评价方式、管理评价机制，着力做到政策系统集成、举措破立结合、改革协同推进；最终目标是到2035年，基本形成富有时代特征、彰显中国特色、体现世界水平的教育评价体系。《深化新时代教育评价改革总体方案》在我国教育评价领域以及整个教育领域具有里程碑意义，教育评价改革成为新时代教育改革的最前沿，"教育评价事关教育发展方向，有什么样的评价指挥棒，就有什么样的办学导向"。因此，不像以前先有教育改革再有评价改革，现在是反过来了，是通过评价改革来引领和驱动教育改革，教育评价肩负着新的时代使命。

二　形势维度：教育评价的新使命和新任务

如今，我国已经实现了第一个百年奋斗目标，开启了全面建设社会主义现代化国家新征程。新征程中需要深化教育体制改革，推进教育高质量发展，建设教育强国，满足人民群众对高质量教育的需求。因此，必须将教育评价对标对表2035年远景目标纲要和第二个百年奋斗目标，审视教育评价面临的重大历史使命与任务，这样才能创新教育评价的体制机制，有效贯彻落实教育评价实践。

（一）服务远景目标：置身教育强国目标中定位教育评价的价值与功用

《中华人民共和国国民经济和社会发展第十四个五年规划和2035年远景目标纲要》提出2035年建成教育强国的远景目标，其中第四十三章阐述了建设高质量教育体系，从推进基本公共教育均等化、增强职业技术教育适应性和提高高等教育质量等方面提出三类教育的发展重点，从建设高素质专业化教师队伍和深化教育改革等两个维度提出发展要求，立体地描绘了高质量教育体系的愿景蓝图。在深化教育改革中开宗明义地提出"深化新时代教育评价改革，建立健全教育评价制度和机制"，足见教育评价改革作为"龙头之战""最硬一仗"的关键作用和改革分量。从表述中可以看出深化教育评价改革是方向和目标，而建立健全教育评价制度和机制则是具体任务和使命，建立高效而稳定的评价制度、健全而灵活的评价机制才是教育评价改革成效的价值体现。

教育评价改革不再是项目驱动的"小修小补"，而是要置身于建成教育强国的远景目标进行系统设计和全面深化，厘清新时代教育评价的价值、功能和作用。以往国家层面教育改革的政策文件中均把教育评价作为教育改革发展的组成部分，为改革目标服务，这固然是具有时代性特征的。现今从党中央、国务院颁布《深化新时代教育评价改革总体方案》，以及教育评价实践经历探索萌发、全面发展、快速发展等阶段后出现的系列问题全面审视，当前教育评价的基本定位发生了转向，从教育发展的"支撑者"转向为教育发展的"引领者"和教育回归原本的"倒逼者"，教育评价让教育改革回到教育的原点和初衷,回归培根、铸魂、启智、润心的教育真谛,通过教育评价引领和推动建设高质量教育体系,进而最终建成教育强国。

(二)围绕根本任务:明确把立德树人成效作为教育评价的根本标准

教育的根本任务是立德树人,《深化新时代教育评价改革总体方案》中明确提出学校评价中"坚持把立德树人成效作为根本标准",明确了新时代教育评价最为根本的评价标准问题,立德树人成效作为评价学校一切工作的根本标准,是判断所有的教育活动是否合理、教育方式是否科学、教育成果是否有效的根本标准。立德树人成效为制定各级各类教育(学校)评价标准提供了根本遵循和依据,制定各级各类评价标准时应在指标体系和评价方案中充分体现立德树人成效的具体要求和价值导向,不仅要体现在评价文本中,更要固化在评判人(专家)的头脑里。

观测立德树人成效,主要有三个维度[3]。一是办学方向的正确性。即考查办学主体贯彻党的教育方针,开展党建、思政和意识形态工作等成效,确保社会主义办学方向,此维度为观测立德树人成效的基本维度,具有"一票否决"的性质。二是办学行为的规律性。即办学行为需符合教育规律,把"为谁培养人""培养什么样的人""如何培养人"等核心问题作为规范办学行为的根本指引,坚决克服重智育轻德育、重分数轻素质、重结果轻过程等不合理的办学行为,此维度是观测立德树人成效的关键维度。三是学生发展的全面性。即考查学生的全面发展,按照德智体美劳全面发展的导向，创新考查形式和方式，凸显以往常被忽视的体美劳等方面的发展情况，综合考查学生全面发展的成效，此维度是观测立德树人成效的终极维度。

（三）强化问题导向：将系统解决评价指挥棒问题作为评价的根本指向

新时代教育评价面临的新任务是强化问题导向，系统解决评价指挥棒问题。评价指挥棒本身不是问题，问题的症结在于指挥棒是正确的还是错误的，是科学的还是不科学的[4]。近年来，随着教育评价实践的深入开展，"唯分数""唯升学""唯文凭""唯论文""唯帽子"等"唯"的现象逐步出现，并且有愈演愈烈之势，这些现象是评价标准、评价方式、评价内容、评价结果运用等一系列不科学问题的集中表达，评价标准绝对化、评价方式简单化、评价内容片面化与评价结果运用功利化和极端化等问题使得"五唯"成为顽瘴痼疾，成为偏离正确方向、缺失科学性的指挥棒。

教育评价改革要认识到每一所学校、每一个学科、每一位教师和每一位学生都是立体的、多面的和完整的个体，都是独一无二的客观存在，而不是单一的指标、整齐的数据，不仅仅是某项排序中的一个名次符号。教育评价要树立"文无第一""各美其美"的价值观，引领教育回到育人原点，促进评价对象的全面发展、个性成长。解决教育评价指挥棒问题，首先需要正本清源。"分数""升学""文凭""论文""帽子"等是教育活动的表现特征和属性，是教育评价长期实践中积累发现的有效的评价指标。指标本身并没有错，出现问题的根源是"唯"，就是哲学上说的把部分作为整体，以偏概全使然。其次需要中庸之道。从教育评价实践本身来说，需要在"唯"与"不唯"之间找到平衡点，"不唯"不等于"不要"，不能从一个极端走向另一个极端，需要推进多元标准，科学处理好评价标准的共性与个性之间的关系。最后需要系统谋划。建立全面综合的学生成长评价、科学有效的教师绩效评价和长期跟踪的区域教育质量发展评价，学生评价和教师评价的结果互相循证，并且作为学校评价的依据。学生评价、教师评价和区域评价需紧紧围绕立德树人根本任务，建章立制形成固化的长效机制，引导教育回归初衷。

（四）坚持科学有效：整体推进"四个评价"提高教育评价科学性

坚持科学有效是新时代教育评价改革需要坚持的重要原则，而实现科学有效的方法在于改进结果评价、强化过程评价、探索增值评价和健全综合评价，简称为"四个评价"。教育评价改革，不仅是评价标准、评价方法技术的转变，更是教育价值观的转向，回归到立德树人根本任务，这是教育评价改革的起点。科学的教育评价，一定是能够最大限度地帮助和促进评价对象成长的评价，如帮助学生学习，帮助教师能力提高，帮助学校发展等。"四个评价"适用于各级各类教育，"四个评价"也不是相互并列、相互排斥的，需要根据不同的评价目的采取不同的组合，整体全面推进，引领教育改革发展。

结果评价是一个时间单元结束时对教育教学与管理服务的成效评价，是教育评价实践中最为广泛和普遍的评价方式。无论是选拔性质的水平评价，还是鉴定性质的合格评价，评价结果在很大程度上决定了评价对象的发展机会，因此结果评价往往具有高利害性。偏重课程知识的记忆和应用、以考试分数作为主要标准、基于考试成绩进行选拔的中、高考是典型的结果评价，此类评价的特点是结论明确、直观，有明确的分数、等第等结论，有区分度，结果客观可测量，易于实施。以往单纯结果评价容易造成"只见分数不见人"，忽视了教育的使命是激励和发展人的潜能，要从过去只看"冷冰冰的分"转向关注"活生生的人"，促进人的品德、知识、能力、情感、意志、信念等全面发展。结果评价的问题是出在产生结果的过程、方式或方法上，经常会被一些重要指标所左右，导致"唯"问题的产生。改进结果评价是要推进教育评价的科学化和全面性，关键是改进评价方式、方法，增加评价维度，调整评价内容等，使得产生结果的方式方法等更为科学全面，坚持以学生成长成才为中心，超越"唯分数论"评价学生，促进学生全面发展；坚持以教师为主体，超越"唯论文"考核教师，创新多元化教师发展路径；创新管理服务评价体系，多用几把"尺子"评价教师和学生，而不是仅用一把"尺子"。

过程评价是在一个时间单元的时间段内对教育教学行为的动态性、全面性的过程开展评价，体现对评价对象的全周期、多视角、反馈性的评价思维，科学分析教育教学过程中存在的偏差和发现的问题，并及时反馈促进改进。过程评价具有周期长、评价难度大、评价成本高等缺点，但同时设计巧妙的过程评价能实时、客观地对教育教学过程给予实时诊断，且评价客体能及时地改进，对教育教学的导向和改进意义重大。过程评价出现的归因是实践中太过于强调和依赖结果评价的结果，且这些结果有一定的不合理性，所以要强化过程评价，把过程作为重要的观察对象和考察点，如以定量与定性相结合的方式开展学生学习过程性分析、教师成长画像、管理服务阶段性成效评价等，注重教学过程、学习过程和管理服务过程的数据收集与应用，强化教育教学过程的评价与反馈，以克服偏重结果的"五唯"顽疾。强化过程评价并不是说不要结果评价，过程评价也要产生结果，只不过结果更具有及时性。结果评价与过程评价并不互相排斥，随着时间段的长度变化，任务与目标的变化可以相互转化，例如，评价学生一个学期的学习情况时，期末考试是结果评价；当升学录取时需要结合平时成绩，期末考试就成为过程评价。

增值评价是对学生学习、教师教学、学校办学的进步幅度和努力程度的评价，促进教育主体检验感受取得的进步和激励评价对象的获得感、成就感。按照进步测算的参照对象不同，增值评价可分为两类：一类是考查相对进步，例如，在同一时段内，将某一所学校的学生与其他学校基本相同起点的学生相比，考查所取得的某方面或各方面的成长进步情况；另一类是考查绝对进步，将评价对象在某一时间段的终点状况与起点状况进行纵向发展进步比较。增值评价既要注重定量与定性相结合的方法精准分析评价对象在多因素影响下的成长发展，同时也要充分注重个体差异、教育起点和过程，以体现其公平性与成长性。可以看出，增值评价与过程评价、结果评价存在一定的交叉和联系，兼有二者的功能，强调评价对象在数量、质量、结构等方面实现增值。

综合评价是对评价对象进行多个维度的多元化、全面性、系统性的整体评价。评价标准单一化、片面化、绝对化,是"五唯"评价的根源,而综合评价关注评价对象的系统性和整体性,是克服和根治"五唯"的重要途径。对于学生评价而言,综合评价摒弃"唯分数"论,进而转向以品德、文化、人格等核心素养为标准的多维度评价,引导学生全面发展,有效落实立德树人根本任务。同时,学生、家长、社会、企业、行业等多元主体都参与到综合评价中,克服单一主体的评价片面性,发挥多元评价主体作用,将多元主体的各方需求吸纳进评价标准,从而促进评价对象的全面发展和健康发展[5]。综合评价可以是过程评价也可以是结果评价,还可以将增值评价作为综合评价的部分内容。

(五) 全面统筹兼顾:提升教育评价改革的系统性、整体性和协同性

在深化改革阶段,针对教育评价面临的问题和使命,不能仅仅采用短期内效果强劲的脉冲式改革举措,而需采取全面统筹兼顾的策略,有效统筹全社会的方方面面共同参与,提供必要的政策支持和联动,"破""立"并举,提升教育评价改革的系统性、整体性和协同性。比如破除"唯帽子""唯学历"等问题,就需要改进人才评价机制,避免简单地以学术头衔、人才称号确定薪酬待遇、配置学术资源等不良倾向,推动人才"帽子"、人才称号回归学术性、荣誉性的本质;政府机关、事业单位、国有企业等用人单位需要带头破除唯名校、唯学历的用人制度,建立以品德和能力为导向的人才录用机制和使用机制。

统筹教育系统内部的改革,需要处理好若干关系。一是政府部门与评价机构的关系。政府发挥政策指导和资源配置作用,评价机

构创新方式发挥所长满足政策导向要求，政府培育相对独立的专业机构，通过购买服务方式、"委托—代理"机制委托第三方专业机构开展教育评价工作，同时加强评价机构的事前事中事后监管。二是教育督导与评价的关系。《教育督导条例》明确提出，督导的职能是督政、督学和评估监测。督导与评价既有联系又有区别，从范围上，督导包含评估（价）；在主体上，督导的主体是政府，评估（价）的主体除政府部门外，也可以是第三方专业机构等其他组织和机构，还可以是学校自身；在作用上，督导多为托底性和发展性，评估（价）除有托底性和发展性外，还有鉴定、诊断和选拔等功能。督导与评价之间应做好协同、联动，充分运用各自优势，发挥各自的功能和价值，减少多头评价、重复评价。三是评价实践与科研的关系。二者应融为一体、相辅相成，教育评价实践中产生科研课题，科研在评价实践中运用，并反哺评价实践，共同推进教育评价的系统性改革和促进教育评价专业化水平的螺旋式上升。

（六）加强专业建设：充分运用现代信息技术手段提升评价专业化水平

随着教育评价实践的广泛开展和教育评价理论研究的持续深入，教育评价逐渐成为具有自身范式、学术共同体、社会建制的专门研究领域和具有自身专业知识体系且不断发展的学科，教育评价逐渐成为一种专业性的活动[6]。社会学家卡尔·桑德斯（Carr Saunders）指出，"专业是一种需要特殊智力来培养和完成的职业，其目的在于提供专门性的服务"。[7]新时代教育评价具有推进实现教育现代化和实现教育强国的重大使命，其自身的专业建设就显得尤为重要。专业建设需要通过打造品牌、树立威信来提升评价机构的公信力，通过提升评价人员的专业性来提升评价的客观性，通过提升评价程序的规范性来提升评价的科学性。现代信息技术正在有力地支撑并助推、引领教育评价的思维变革和技术革新。

当今世界正处于百年未有之大变局。信息科技的突飞猛进，给教育改革带来了巨大影响，在大数据、云计算、5G、人工智能的新时代，在物联网、智能终端和VR/AR/MR（虚拟现实、增强现实和混合现实）等新技术的支撑和驱动下，教育教学环境和方法技术手段、教师的教学观、学生的学习观、教育教学质量等在发生深刻的转变。同时，信息技术的集成创新成果在教育评价中获得及时应用，也有力地支撑和助推教育评价的思维变革和技术革新，教育评价有望实现"智慧评价"，将教育评价从基于小样本数据或片段化信息的推测升级变革到基于全方位、全程化数据的证据性决策。实时采集评价客体的全方位、全时空数据，这些集约数据可以是文字、数值信息，也可以是语音、图像信息，甚至是认知、情感信息，这些数据都可以运用到教育评价中。通过深度挖掘数据之间的逻辑关系并进行海量集成、智能计量、准确诊断、持续跟踪等，有效实现评价客体的价值判断，深刻揭示评价客体的发展态势，并形成智能化、精确化与个性化的技术推送进行即时反馈和个性指导，提供个性化和差异化的发展建议，从而促进评价客体持续改进、不断提高[8]。

三 项目维度：教育评价实践的规范路径[9]

无论是历史维度上教育评价的发展，还是形势维度教育评价面临的新使命和新任务，最终都必将落实在具体评价项目的组织实施上。一般而言，在组织实施教育评价活动中，要以方法规范化、过程程序化的规程作为指导评价人员的行动指南，从项目维度建立规范科学的教育评价实践路径十分必要。伴随着教育评价的深入开展和项目大型化、复杂化发展趋势，以及社会各界对教育评价科学性、客观性、合理性要求的日益提高，需要将教育评价项目当作一项工程，借鉴工程化的思想和方法来指导、规范和管理教育评价实践的开展，以保障和提高教育评价的质量和效益。按照工程项目管理中"生命期"的概念，教育评价项目的实施步骤，从开始到结束的全过程，可划分为项目立项、项目设计、项目实施和项目总结等依次推进的四个阶段，以及贯穿整个生命期的元评价，如图 1 所示。

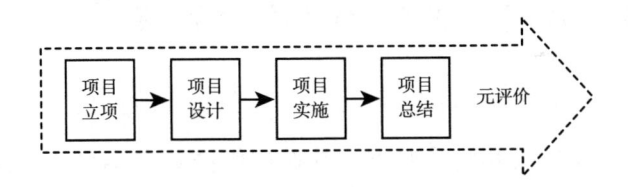

图 1 教育评价项目的生命期

根据系统科学思想，按照"自顶向下逐步求精"的结构化分析方法，再将教育评价项目实施各阶段的工作进一步模块化分解，将某个阶段的实施内容分解为若干模块，而且每个模块又可以继续细分为若干子模块，如图 2 所示。例如，可以将项目实施阶段 P，分解为信息采集 A、专家遴选 B、价值判断 C 和汇总合成 D 等模块。各模块之间既相对独立又有机衔接，不同的模块可以由评价团队中不同的人员独立完成，以此提高完成各个模块的人员的专业化程度，有效实现评价质量、进度和投资等控制目标。

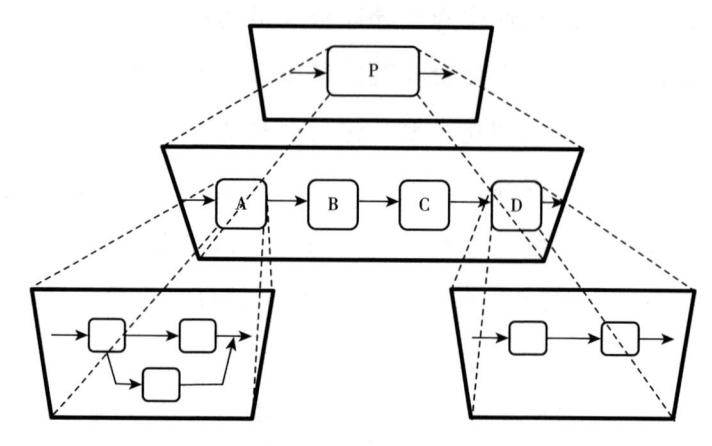

图 2 教育评价过程的模块化分解

（一）项目立项：贯彻"6W3H"管理思想

评价项目立项是指项目委托方（如教育行政部门）根据工作需要确定评价项目及其政策要求，并按照管办评分离的多元化教育治理的宗旨，委托第三方机构组织实施教育评价工作。项目立项是教育评价项目的"命题出卷"阶段，着重解决"为什么评""评什么""谁来评"等核心问题，是评价项目的开篇布局和顶层设计。按照管理学"6W3H"的思想，项目立项主要包括以下内容。

1. 评价目的（Why）与方式（What）

发展性评价倡导"评价不是为了证明，而是为了改进"的思想，教育评价的根本目的是促进评价客体更好地发展与提高，促使教育价值增值，即"以评促建，以评促改，以评促管"。就具体某个评价项目而言，教育评价也是有目的的管理活动，而且评价目的也决定了评价方式和性质，然后选择合适的评价方式。考虑评价目的时应贯彻立德树人成效的根本标准，评价方式根据实际运用现代信息技术开展。

2. 评价客体（Whom）与额度（How many）

评价项目委托方需要根据政策设计明确评价客体，明晰本次评价范围的边界，即评价对象有哪些。确定评价客体时应考虑评价改革的系统性，避免重复评价、多头评价、增加评价客体负担的问题。在选拔性评价、合格评价等评价中，项目委托方通常还需要确定相关限额。

3. 评价时间（When）与地点（Where）

评价项目委托方需要根据工作安排明确开展评价的起止时间以及地点，评价地点安排包括是否分区域、分类别组织实施评价工作，结合项目实际，采用现代信息技术手段，突破时空的限制开展评价。

4. 评价经费（How much）、落实第三方机构（Who）和"管"与"评"的运行机制（How）

根据公共治理理论中"委托—代理"的契约性要求，在推进"放管服"改革的形势下，按照教育管办评分离、三者既相互协调又相互支持的现代教育治理体系的要求，项目委托方需要落实评价经费，并明确组织实施教育评价的第三方机构的资质条件和购买服务的方式等问题，以及明确各方的权利义务、职能边界与法律责任等。

（二）项目设计：系统解决"如何评"的问题

评价项目设计是指第三方机构组建项目团队，在与项目委托方充分沟通、深刻理解项目的基础上,发挥其专业优势,设计翔实的评价方案,并根据评价方案制定专家手册。项目设计是教育评价项目的"答卷构思"阶段,系统解决"如何评"的问题,是教育评价的关键环节,直接影响评价质量和效益。项目设计应充分考虑评价项目的系统性、整体性和协同性。

1. 设计系统全面的评价方案

评价方案是评价项目实施的蓝图,要明晰评价实施过程中每一个环节具体"如何做",使评价活动的各个步骤、每位人员有序衔接和协调,保证评价程序规范严密、组织合理高效和评价人员职责清晰。制定评价方案需要认真对接委托方的评价意图,也应广泛听取评价客体的意见建议。评价方案中除了明确评价依据、评价目的、评价客体等以外,还应包括以下内容。

(1) 评价原则

评价原则需要遵循教育方针,服务"扎根中国大地办教育"。评价原则的核心是价值取向,体现了评价工作的顶层设计与政策导向,也会直接关系到评价结果的科学性和公信力。立德树人是教育的根本任务,提高质量是教育改革发展的核心任务,因此,教育评价要回归教育的本心,树立育人为本的价值观,着眼提高人的综合素质、激发其发展动力、促进其持续改进和不断提高,正确发挥教育评价的指挥棒作用。

(2) 评价指标体系

评价指标体系是评价工作的核心,既描述了评价客体的主要特征属性,又体现了评价的目的与价值取向,而且也关系到评价信息采集方式和采集内容。构建科学合理的评价指标体系是教育评价实践的基础，也是保障评价结果科学性的关键。教育评价要建立科学多元的指标体系，提高指标体系与评价客体的适切性与针对性，坚决克服"五唯"的顽瘴痼疾，切忌评价标准简单化、片面化、绝对化。

（3）评价方法技术

根据评价目的与政策确定本项目的评价类型，例如，对某一批评价客体进行合格评价，如果按照事先设定的评价标准，则是绝对评价；如果按照一定比例或额度进行末位淘汰，则是相对评价。评价方法有多种，但每种方法都有其优势与不足，需要根据评价项目的特点采用相应合适的评价方法与技术。有时也可能是多种评价方法的组合，例如，对评价客体既给出等第结论，也提出整改提高的意见建议，以体现发展性评价的思想。设计评价方法技术时应考虑运用"四个评价"的科学导向。

（4）评价工具研制

现代信息技术有力支撑并助推、引领教育评价的技术革新与思维变革。研发教育评价信息平台，既可便捷评价客体进行信息填报，又能高效地进行数据核验；既可快捷实施网上同行评议，又能高效准确地进行统计汇总，有效提高工作效率、保证工作质量。研制专用App，能够高效、广泛地开展相关人员的问卷调查。在云计算、大数据、物联网、移动通信、人工智能等技术支撑下，研发智能化评价系统，则可完成全时空、多模态数据的集成计算、准确诊断和持续跟踪，实现精确化、个性化的实时监测和个性指导。

（5）评价计划安排

评价实施过程包含诸多步骤，每一个步骤又可以继续细分为若干环节，而且事先还需要研制必需的评价工具等准备工作。这些环节总体上是前后相继、依序"串行"递进的，但其中有的环节，如工具研制、专家遴选、制定专家手册等是可以"并行"同步开展的。因此，需要有效合理地安排评价实施的计划，并结合法定节假日等客观因素，保证在限定的评价起止时间内完成评价工作。

2. 制定清晰明确的专家手册

同行评议是教育评价的主要方式，专家手册是同行专家参加教育评价的培训教材与操作说明书，需要清晰地告诉专家具体"做什么"和"怎么做"，保证专家评议过程的规范性和评议结果的客观公正性。专家手册是从另一个角度体现评价方案，专家手册中除了专家的道德准则及承诺书、材料清单、生活贴士等以外，还应包括以下内容。

（1）项目背景

简要描述评价项目的来源、目的宗旨、评价原则、评价客体及额度等内容，使专家了解评价项目的概况及其相关的评价政策要求，有助于专家更好地结合自身的知识和经验对评价客体给出价值判断。

（2）专家职责

清晰明确地描述专家组的组成原则和专家的工作内容。对于会议集中评议或实地考察形式的教育评价，还需要界定专家组组长、副组长和专家组成员的各方职责，以及专家组成员意见不尽一致时的争议处理预案。

（3）评价标准

提供评价指标体系，并对每一项指标给出评判依据与评判尺度。评判依据是指各项指标与评价客体的哪些具体信息的对应关系，评判尺度是指各项指标评判结果的区间范围与评价客体特征属性的对应关系。评判依据与评判尺度既便于专家开展工作，也可以相对统一不同专家的心理尺度，提高评价结果的客观性。

（4）日程安排

对于通信评议而言，需要明确专家意见反馈的截止时间。对于会议集中评议或实地考察而言，需要详尽说明具体事项（如会议集中评议中各个评价客体逐一交流互动的排片表，实地考察中资料查询、座谈访谈、实地察看、口头反馈等环节）的进度计划、工作地点、评价秘书及其联系方式等，以保证专家评议的工作有效性。

（5）评议表（样张）

评议表是专家工作结果的载体，专家按照既定的要求和格式在评议表上对每个评价客体表达评判意见。专家手册中的评议表（样张）能有效地帮助专家理解具体"怎么做"，根据评价方案中的评价方法技术，进行定性评判或者定量评判等。对于网上评议工作，则需要在专家手册中详尽说明评价信息平台的操作指南。

（三）项目实施：具体开展"怎么评"的问题

项目实施是根据评价方案开展评价活动的具体施工阶段，主要内容是采集并整理评价客体的相关信息，运用既定的教育评价方法技术进行价值判断，得出评价结果。项目实施是教育评价项目的"提笔答卷"阶段，实施完成"具体怎么评"的问题，是教育评价的中心环节，也是评价组织管理的重点。在项目实施环节应确保相关人员按照项目立项和项目设计的思想开展工作，落实新时代教育评价的新任务。

1. 试评价

对于一些重大的、涉及面广的评价项目，在项目正式实施之前，评价机构通常选择部分评价客体或者同类对象开展试点评价，以检验评价方案的有效性，检查发现评价方案中可能存在的潜在错误和偏差并进行修正完善，然后正式全面实施评价项目，以保证评价质量。另外，评价客体在接受正式评价之前，严格对照评价方案开展自我评价，或者邀请专业机构进行评价演练，以主动寻找自身存在的问题并及时整改，为正式评价打下扎实基础。

2. 信息采集

采集评价客体的相关信息是教育评价的基础性工作，评价客体的相关信息是价值判断的客观依据，因此信息采集必须全面、客观、准确。评价客体的相关信息主要包括数据信息（如办学规模、校园面积等）、文字信息（如办学定位与特色、立德树人成效等）、形态信息（如学术氛围、精神面貌等）和多媒体信息（如音像作品等），信息采集方式主要有报表法、查阅资料法、调查问卷法、实地考察法等。评价机构可在一定范围内公布评价客体的相关信息，加强社会监督，以保证信息的准确性和可靠性。

3. 信息整理

信息整理是指对采集到的评价客体的相关信息进行核实、分类、处理和保存，以提高信息的可靠性和适用性。信息整理工作包括通过政府相关部门的统计数据进行信息比对校验，对异常数据进行核实，对数据量纲进行转换，按照评价指标进行数据归口处理等，便于专家能够对应评价指标体系，根据整理后的信息直接给出价值判断。如果采用客观数据分析法，信息整理的重点是要确保同一项指标的各评价客体的属性数据的质性完全一致（如统计时限、量纲、奖项等级等），保证相互可比。

4. 专家遴选

教育评价多涉及学校办学水平与教育教学质量等主观因素，通常难以直接测量，需要借助业内同行专家的丰富经验和渊博专业知识进行价值判断，尤其是对于发展性评价、协商式评价等更是如此。开展教育评价，需要针对评价项目的具体特点和要求，拟定专家规模人数、资质条件（如管理经历、职称、学科专业等）、结构要求（地域分布、工作单位分布、管理专家与学科专家的比例等）和回避要求（如利益相关者），然后从专家库中遴选满足要求的同行专家人员名单，并逐一确认能够在既定时间内参加评价工作。

5. 价值判断

根据专家手册对参加评价的专家进行培训，使每一位专家准确掌握评价政策和原则、清晰理解具体工作内容，并签署包括公正、廉洁、保密等内容的承诺书。有时候专家组组长负责统筹安排专家分工，然后专家根据评价标准完成对评价客体的价值判断，将立德树人成效作为教育评价导向，并从教育规律和人才成长规律出发，在横向上处理好评价标准的多样性，在纵向上把握好不同类型成果之间的相当性。如果采用数据分析法，则根据信息整理后的同质数据，按照事先设定的数据处理模型，将每项指标的各评价客体的属性数据转换为无量纲的归一化数值。

6. 汇总合成

汇总合成主要包括两个方面，一是将多位专家对每一个评价客体给出的同一项指标的评判结果进行统计，二是将每一个评价客体的各项指标的评判结果合成为评价客体的总价值。前者在统计之前还需要分析群体评判结果的一致程度，如果过于离散则需分析原因并请专家确认评判结果；后者主要根据评价指标体系中各项指标的权重进行价值合成。将多位专家的写实性意见汇总成总体意见时，需要专家组进行审核和最终确认。

（四）项目总结：回答"价值如何"的问题

项目总结是评价机构对评价活动进行审视与总结的收尾阶段，相当于对教育评价项目进行"复卷"，重在确定评价客体"价值如何"。项目总结的主要内容有评价机构撰写评价报告并反馈评价结果，最后建立完整的评价工作档案等。

1. 撰写报告

评价报告应当真实客观、逻辑清晰，其内容和格式根据委托方要求和评价项目的具体内容确定，通常包括封面、正文和附件等三部分。封面包括评价项目名称、委托方名称、评价机构名称、评价方案实施和完成日期、递交报告的日期等。正文内容主要有以下几项。①项目概要。简要综述评价项目的目的、依据、评价客体、额度等背景。②评价方案。介绍评价方案的编制过程，重点叙述评价标准的编制过程及其理论依据。③实施过程。介绍信息采集、信息整理、专家遴选、评价方法等组织实施的过程。④结果分析。表述取得的评价结果，并对评价结果进行分析推断，表述评价客体的优势与不足、改进建议等。⑤意见建议。根据评价结果向委托方提出政策建议。附件主要补充说明评价过程与结果的相关材料，如专家名单、座谈访谈人员名单、评价过程中发生有关事件的记录等。

2. 结果反馈

评价结果反馈及运用形成了评价流程的闭环，也是有效发挥教育评价功效、促进教育管办评良性互动的要求。评价结果反馈通常包括三个方面。①评价机构向委托方递交评价报告，为政府监管教育、资源配置、管理决策提供依据和政策建议。②在一定范围内公布评价结果，加强社会监督，促进评价客体及同行之间的相互交流，发挥教育评价的激励与导向作用。③向评价客体反馈，遵循实事求是的原则，充分肯定成绩，也指出差距不足，提出改进建议，以促进评价客体不断完善提高。

3. 建立档案

文档是项目立项、设计、实施和总结等阶段以及元评价的过程记录，也是评价的流程环节与团队人员进行工作交接、交流和优化调整的资料依据，评价人员必须将每一步工作的过程及结果以一定的格式做好工作记录。评价完成之后，评价机构应将评价过程中的所有资料立卷建档，包括各项文件、委托协议、评价方案、专家手册、评价报告等，以及评价过程的相关原始资料和记录资料，如采集信息、评价客体自评报告、会议记录、签到单、承诺书、评议表等，以备查阅和研究使用。同时，评价机构对所有文档资料承担保密义务，不得随意披露相关信息。

（五）元评价：检验"评得怎么样"的问题

元评价（Meta-evaluation）是对评价活动本身进行评价，是教育评价项目的"阅卷"阶段，重在检验"评得怎么样"的问题。元评价贯穿于评价的全过程，在项目实施前、实施中和实施后都需要开展元评价，分别相当于工程项目中的图纸审核、施工监理和竣工验收。元评价是规范严密地开展教育评价不可缺失的重要环节，对保障教育评价的科学性、增强评价机构的公信力，并为今后的教育评价积累经验等具有重要意义。

1. 保障评价科学性

评价是为决策提供科学依据和重要支撑的，如果以缺乏科学性的评价结果作为决策的依据，势必导致决策偏差或失误。元评价的根本目的就是保障评价的科学性、规范性，提高评价的质量和效益。教育评价的科学性总体上要求评价过程和评价结果符合目的、符合事实、符合逻辑、符合规范等，评价结果客观公正、准确可靠、适切实效等，能够切实有效地发挥教育评价的诊断、导向和激励作用。在实施评价的整个过程中，评价目的和政策的理解、评价方案的设计、评价信息的采集、价值评判、评价方法和模型的选择等每个环节都隐藏着影响评价科学性的因素，甚至一些敏感性问题可能导致"表面上的合理性掩盖实际上的不合理性"[10]。因此，需要对评价的全过程，包括评价的价值取向、方法、过程、结果、效应等进行全面系统的审视，实行边设计边复审、边实施边复审和事后的全面复审，对评价过程的每个步骤、每个环节、每个细节都进行详尽细致的复审，以便及时发现并修正可能存在的错误和偏差，改进和优化评价过程，保障评价的信度和效度。

2. 鉴别评价专家质量

教育评价的专业性很强，很多评价指标是难以物理测量的，通常需要聘请业内专业人士进行同行评议。基于教育评价的价值宗旨是追求评价结果的科学性，因此，客观公正性是对评价专家的首要要求,也是遴选专家的首要标准。评价工作事后需对每位专家的评判结果进行分析,研判其评判结果准确性和客观公正性,并在专家库中建立专家的历史评价记录及其每次参与评价的评判准确性,经过长期积累,专家库中动态标识各位专家的评判准确度与处事公正程度。由此,在以后的教育评价活动中,优先选择准确性高的专家,必可有效地提高评价结果的可靠性与可信度,也可在机制上促进专家公允评判。

3. 塑造评价机构公信力

评价机构通过内涵建设不断提升专业化水平,规范严密地开展教育评价活动,取得科学合理、客观公正的评价结果,在教育管办评分离的良性互动机制中,教育评价为政府决策提供了客观公正、实事求是的有效依据,也为评价客体提供了值得借鉴的改进建议。同时,通过建立健全教育评价方案和评价报告发布制度,完善政府、学校和社会对评价意见的反应机制,接受广泛的监督和质询,跟踪评价结果促进评价客体整改提高的效果,切实有效地发挥教育评价结果的激励和约束作用,并征求评价客体和社会公众对改进评价工作的意见和建议,事后评价、甄别各位专家的业务能力和客观公正性等,持续不断地提高自身在多元教育治理体系中的服务能级,形成评价机构的品牌和影响力,获得社会各界的认可和信任。

参考文献:

[1] [9] 冯晖,吴磊. 教育评估的政策演进、现状剖析及推进逻辑 [J]. 现代

教育科学, 2018 (10): 134-138, 149.

[2] 冯晖, 刘苹苹, 陈滔宏. 教育评估规程研究 [M]. 北京: 高等教育出版社, 2020: 10.

[3][4] 刘磊. 试论职业教育评价改革新动向 [J]. 上海教育评估研究, 2021 (1): 49-53.

[5] 李怀杰. 把握新时代教育评价改革的四个维度 [EB/OL]. (2021-05-31) [2022-12-20]. http://www.cssn.cn/zx/bwyc/202105/t20210531_5337133.shtml.

[6] 冯晖, 王奇. 试析教育评估专业化 [J]. 教育发展研究, 2015 (11): 5-9.

[7] 赵廉. 专业、专业属性及判断成熟专业的六条标准 [J]. 社会科学研究, 2000 (5): 30-39.

[8] 冯晖. 教育评估现代化的内涵特征与推进策略 [J]. 上海教育评估研究, 2019 (3): 1-4.

[10] 冯晖. 教育评价中的敏感性问题研究 [J]. 华东师范大学学报 (教育科学版), 2007 (6): 37-41.

Practical Path of Education Evaluation

Feng Hui   Liu Lei

Abstract: Education evaluation is not only an important means to guarantee and improve the quality of education and the level of running a school, but also the baton of education reform and development. From a historical dimension, China's education evaluation practice in the past 40 years has experienced four stages: exploration and germination, comprehensive promotion, rapid development and deepening reform. Each stage has its own specific development mission and characteristics. To gain horizontal insight into the mission and tasks of education evaluation in the new era from the situation dimension, it is necessary to position the value and function of education evaluation in the goal of building a powerful education country, take the effect of moral education as the fundamental standard of education evaluation, systematically solve to the problem of evaluation baton as the fundamental direction of evaluation, promote the "four evaluations" as a whole to lead the reform and development of education, and adhere to the overall consideration to improve the system, integrity and synergy of education evaluation reform, and make full use of modern information technology to enhance the professional level of evaluation. Analyze and evaluate the project development from the project dimension, and explore the practice path of establishing norms around the five links of project initiation, project design, project implementation, project summary and meta-evaluation.

Keywords: Education Evaluation; Education Assessment; Development Lineage; Practical Path

地方高校教育评价改革的现实图景与推进建议[*]

李中国[**]

摘 要：教育评价是教育改革发展的指挥棒，《深化新时代教育评价改革总体方案》发布以来，地方高校教育评价改革取得了明显成效，立德树人的根本使命进一步强化，评价制度的全面性与规范性不断增强，引才育才的观念正在转向，办学定位和目标愿景进一步明确；同时也存在教育评价改革认识参差不齐、改革制度不够系统、主体参与度不够深入、改革结果效用乏力等问题。为加快推进地方高校教育评价改革，特提出以下建议：一是加强引导，提高教育评价改革的认同感和支持度；二是强化协同，增强教育评价改革制度建设的系统性和整体性；三是凝聚共识，健全多元主体参加的运行机制；四是彰显效

---

[*] 2020 年山东省本科教学改革研究项目"省属本科高校应用转型期教师教学能力提升研究与实践"（编号：M2020231）的研究成果。

[**] 李中国，临沂大学规划处处长，教授，博士生导师。

能,提升评价结果使用的适切性和引导力。

关键词: 教育评价　地方高校　教育改革

教育评价是教育改革发展的指挥棒,事关教育发展的方向、生态和动力,直接关系着高校内涵建设和立德树人根本任务的实现。2018年9月,习近平总书记在全国教育大会上指出,要深化教育体制改革,健全立德树人落实机制,扭转不科学的教育评价导向,从根本上解决教育评价指挥棒问题。2020年10月,中共中央、国务院印发《深化新时代教育评价改革总体方案》(以下称《总体方案》),作为教育评价改革的纲领性文件,指导推进教育评价改革向纵深发展。地方高校是我国高等教育的主体,在落实《总体方案》的实践中取得了明显成效,但同时也存在诸多问题和挑战。为此,亟须全面了解地方高校教育评价改革的现实状况,探索深化评价改革的路径与策略。

一　地方高校教育评价改革进展成效

(一) 立德树人的根本使命进一步强化

立德树人贯穿《总体方案》的指导思想、主要原则、改革目标、重点任务等内容。教育的根本对象是"人"、根本目的是"人"、根本任务是育"人"[1],这就要求教育要回归本心,以"人"为本,以"立德"为根,以"育人"为重。地方高校勇担使命，主动作为，立德树人的根本使命持续巩固和强化。

1. 思政育人主渠道加筑拓宽

思政育人肩负着为谁培养人和培养什么样的人的历史重任。在思政育人和课程思政建设等方面，各省市积极贯彻落实并出台方案和意见。江苏省2019年7月印发《关于深入推进全省高等学校课程思政建设的实施意见》，在全国率先建立课程思政学校层面、专业层面和课程层面三级指标体系。山东省教育厅2021年10月印发《关于深入推进高等学校课程思政建设的实施意见》，确定了206门省级高校课程思政示范课程、10个省级高校课程思政教学研究示范中心，有力地推动了课程思政建设与发展。地方高校在不断完善加强和改进新形势下思想政治工作的实施意见、加强"三全育人""育全人"的制度体系和实践探索中，纷纷出台构建十大育人体系的实施意见，制定加强和改进思想政治理论课建设实施方案，研制加强"思政课程"和"课程思政"督导实施方案、课程思政建设标准与评价办法等制度文件，主动开展思政课程"金课"、思政课程示范课、教学名师等评选活动，不断发挥模范带动作用。学校领导干部为学生上思政课成为常态，传统课堂只教书不育人的顽疾得到根本性纠治，主旋律在主渠道中入耳入脑入心的良好生态业已形成。

2. 全面发展的评价制度进一步完善

习近平总书记在全国教育大会上强调，要"培养德智体美劳全面发展的社会主义建设者和接班人"[2]。"全面发展"目标是指在教育过程中要落实德智体美劳各方面的教育意蕴，并且要健全立德树人为根本任务的教育机制，同时要促进五育各方的全面均衡发展[3]。长期以来，个别地方高校对学生的评价仍存在以分数论英雄的评价导向。在《总体方案》的推动下，部分地方高校开始积极调整和纠正"唯分数"论。比如，某高校出台了关于加强和改进劳动教育、体育教育、美育教育等实施方案，学生综合素质测评办法，第二课堂成绩单实施办法，加强和改进大学生心理健康教育工作的实施意见，人才培养质量达成情况评价管理与实施办法等，使学生评价从以定量为主的被动评价向定量和定性相结合的过程性评价过渡和转变，全面发展的学生评价体系日臻完善。

3. 过程性评价与信息化手段更加丰富

学业评价作为教学环节的重要组成部分，是判断教学质量乃至人才培养质量相关政策举措实施成效的重要手段[4]，也是历次改革的主要内容。传统的学生学业评价指标设定及评价形式较为单一，缺乏过程性考核与评价。《总体方案》实施以来，学业成绩的过程性评价不断丰富，增值性评价价值不断凸显，综合性评价进一步科学。如在体育课程评价中，评价结果一方面依据课程的期终考试成绩，另一方面参考体质健康测试成绩，同时增加信息化技术，将检测学生日常锻炼成绩同步纳入体育总成绩；这种结构化方式形成的课程最终成绩能够较为全面地反映学生的体质状况和专业水平。

4. 师德建设指标可测性加强

师德建设是为全面保证以教师为主体的教育工作者在从事教育活动时遵守基本的道德规范、行为准则及与之相适应的道德观念、情操和人格品质而进行的教师培养、培训、管理等体系建设[5]。作为教师评价第一标准，如何有效开展师德师风评价，是诸多高校长期没有很好解决的问题。在《总体方案》的推动下，地方高校以制度建设促进师德实践，推进了师德师风的践行自觉，主要表现在以下几个方面：一是制度建设日益健全，相继出台了关于加强和改进师德师风建设的意见、师德师风监督考核办法、师德失范行为负面清单及处理办法等制度；二是融入发展不断加强，师德师风被纳入全体教师岗位述职和晋级晋升的主要内容，在党政管理干部晋级晋职中，原则上要有担任辅导员、班主任、思政课教师等工作经历，青年教师晋升职称必须有 1 年以上担任辅导员、班主任的经历；三是教师荣誉体系不断完善，黄大年式团队、教书育人楷模、最美教师、教学名师、辅导员年度人物等倡树先进典型的举措更加丰富，加强师德师风修养、潜心教书育人日渐成为广大教师的行为自觉。

（二）评价制度的全面性与规范性不断增强

落实教育评价改革任务，不应片面地将不合规矩的制度一废了之，或是仅对旧有制度修修补补。要树立战略思维、系统思维、创新思维，坚持问题导向、破立并举、统筹兼顾、规范有序、激发活力的基本原则；经过一年多的建设，地方本科高校教育评价改革制度建设的全面性、规范性明显增强。

1. 教育评价改革的制度体系更加全面系统

地方高校严格遵循《总体方案》要求，就党对高校全面领导责任制，落实立德树人根本任务，开展教师师德和教科研评价、学生综合素质评价以及人才评价等，建立了较为完备的评价制度和机制。一是党的全面领导责任制评价制度日趋完善。学校党委会议事规则、校长办公会议事规则、学院党政联席会议事规则进一步完善，提出并健全了一把手沟通机制；迎接上级巡视的主动性明显增强，诸多高校积极开展校内巡察和意识形态巡察；创新党的建设和党风廉政建设工作的考核模式，由单一的述职评议模式转变为述职与日常考核相结合。二是教师评价内容更加丰富多元。课堂教学质量评价办法、课程与教材建设质量评价办法等制度进一步完善；增加了课程思政建设标准及评价办法，更新了教师工作量计算的内容及比例，把参与教研活动、编写教材和案例，指导学生毕业设计、就业、创新创业、社会实践、社团活动、竞赛展演等计入工作量；教师荣誉体系及评价办法更加全面，统筹考虑理论教学和实践教学、教学与育人之间的比重；教职工年度与聘期考核方案、绩效工资与分配制度进一步完善。三是学生评价制度更加健全。以学生为主体、以学生发展为主线的办学理念进一步深化；打破了传统按学生学业课程成绩进行评价的状态，普遍开展了五育并举的制度建设、实践探索与相应评价改革，评价方式更加丰富灵活；学生荣誉体系及评价办法、毕业生就业质量跟踪评价方案等制度日臻完善。四是人才评价标准更加科学。以往追求唯论文、唯课题、唯帽子的选人用人的普遍规则在现行制度中已经消除；德才兼备、育人水平和团队精神等进一步彰显。

2. 教育评价改革的制度内容更具规范性

制度内容是构成制度整体的本体，包括制度组织结构和具体内容。从目前地方高校教育评价的制度本体看，首先，破除了"五唯"相关内容，消除了涉及10个"不得"、1个"严禁"等内容的制度文件，按照《总体方案》要求，坚持"留什么""改什么""建什么"的原则，对制度内容进行了全面梳理、修订、新建。其次，制度内容的针对性进一步提升。多数高校打破了教师晋升通道模式同一性，将教师发展分为教学型、研究型、教学研究型、社会服务型等，并针对不同划分类型作分类评价，推行代表作品评价制度，淡化论文收录数、引用率、奖项数等数量指标，进一步激发教师事业发展的积极性。最后，在人才引进上，取消了海外经历、学习形式等限制性条件，德才兼备成为考核考查的首要条件。

（三）引才育才的观念正在转向

人才是第一资源，引才育才是高校事业发展中的重要一环，通过转变工作理念、创新工作模式，地方高校开展了多类型、多方式的人才引育工作，取得了显著成效。

1. 引才的战略性、特色化进一步加强

地方高校受所处地域、办学资源、自身影响力等因素限制，人才引进工作困难重重，"挖到篮子就是菜"的引进观念影响着人才队伍建设实践，盲目跟风、用人"高消费"的现象比较普遍。究其原因，主要是忽视了引才与学校学科建设、团队建设和学校特点等要素之间的关系，同时也未能将引才工作纳入系统的人才战略目标链。[6]《总体方案》发布后，地方高校引才的战略性意识进一步加强，比如，某高校在引才工作中立足学校事业发展规划，坚持需求导向和自身办学基础，严格引人标准，注重德才兼备，不唯论文、不唯帽子、不唯职称、不唯学历、不唯奖项。创新人才引进工作形式，全职引进和柔性引进并行，积极采取校企共引共享、校地共用等举措。丰富人才引进层次，例如，某高校将人才分为7~10个不同层次，对高层次或紧缺型人才开启一人一议的绿色通道。从合同管理到聘期考核的全方位人才管理机制有效建立，全阶段目标和任务设置更加清晰明确，对薪酬、科研经费、住房、配偶工作、子女就学、团队配备等人才待遇需求充分给予满足。通过一系列政策实施，地方高校引进人才取得了明显成效，部分高校每年可吸引高层次人才在百人以上。

2. 育才的针对性进一步增强，支持力度进一步加大

"人才工作是一项系统工程，要准确把握教育规律、人才成长规律和人才工作规律"[7]，在做好引才的同时，也要做好育才留才工作。各地方高校对育才工作也日趋重视，相继出台促进教师专业发展的政策文件和激励举措。一是推进人才校内培养与校外引进同工同酬改革，对校内教师进行人才等级分类，比如，某些高校实行"**学者、**专家、**领军人物"分类，对专家学者的业务给予充分认同和肯定，或通过校内专业技术岗位改革，对能力强、业绩突出的青年学者实施"低职高聘"，并根据学者类别和岗位不同，给予相应的绩效补贴或奖励，解决校内人才与校外引进人才的待遇不平衡问题。二是为高层次人才增列团队编制，把选人用人权利交给学科带头人，由带头人根据自身建设发展有针对性地引人育人，相关管理部门做好人才引育的协调、服务和待遇落实工作。三是为青年学者创设专业发展平台和机会，鼓励青年教师攻读博士学位或申请国内外访学，且学习期间不减待遇、不减晋级晋升机会。对于新进博士实行"进团队、跟带头人"的成长机制，感受协同发展的温暖和力量。

（四）办学定位和目标愿景进一步明确

办学定位不仅事关学校的发展方向，更事关学校特色发展和竞争力提升。然而，地方院校发展往往又缺乏自身的个性特色，过度仿效研究型高校，存在办学定位同质化等共性问题[8]。《总体方案》明确指出，改进高等学校评价，推进高校分类评价，引导不同类型高校科学定位，办出特色和水平。方案的出台，进一步明晰了地方高校的发展定位，有力地推动了地方高校快速向应用型转型。2020年，山东省教育厅、山东省财政厅出台《关于推进应用型本科高校建设的指导意见》，在全国率先制定了"应用型本科高校建设指导标准（试行）"的评价体系，审批了两个批次的应用型本科高校建设点、一个批次现代产业学院建设点，绝大部分公办本科高校，尤其是硕士授权单位高校获批应用型建设高校。以山东省部分高校为例，临沂大学是一所拥有硕士授权的高校，同时也是应用型本科高校建设支持单位，办学定位由建设"全国知名区域特色鲜明的创新创业型大学"改为建设"区域一流省内一流高水平综合性应用型大学"；滨州学院结合自身学科专业优势，努力发展自身特色，将早期建设目标"以工科为主、多学科协调发展、竞争优势明显、综合实力较强、以航空为主要特色的高水平应用型大学"转变为建设"航空特色鲜明的高水平应用型大学"，于2021年10月成功获批硕士学位授予单位；山东省"冲一流"建设高校齐鲁工业大学（山东省科学院）和山东省"强特色"建设高校青岛农业大学锚定自身优势和特色，成功获批博士学位授权点。这些地方高校在建设过程中，立足本校实际，不断明确办学定位和目标愿景，促进了事业内涵式发展。

二 地方本科高校教育评价改革存在的不足

尽管地方高校在落实《总体方案》过程中取得了一些成效，然而，由于改革的复杂性、长期性、艰巨性，不少高校在思想认识、制度建设、执行落实等方面仍存在较大改革与提升空间。具体表现在以下几个方面。

(一) 教育评价改革认识参差不齐

1. 对教育评价改革进程的认识参差不齐

《总体方案》明确了改革的两阶段目标。一是经过5~10年努力，各级党委和政府科学履行职责水平明显提高，各级各类学校立德树人落实机制更加完善，引导教师潜心育人的评价制度更加健全，促进学生全面发展的评价办法更加多元，社会选人用人方式更加科学。二是到2035年，基本形成富有时代特征、彰显中国特色、体现世界水平的教育评价体系。

对此，有的地方高校"稳"字当头，求稳怕乱、等待观望，认为改革是个漫长过程，急于改革是做无用功，改革不成反倒耽误学校发展，自身也没有能力成为排头兵，先等等上级更为明确的政策或其他高校的成熟经验；有的高校"快"字当先，急于求成，大刀阔斧进行，认为时间过长，进程太慢，过程太辛苦，最后可能不了了之，于是计划在一年内构建起系统完备的评价制度体系，较少考虑既有文化场域对改革的影响；还有部分高校"得过且过"，拨一拨、转一转，思想上没能与要求同步，在行动上多是点上调整，对改革的系统性和成效关注不够，缺少顶层设计与精力投入。

2. 对推进高校分类评价认识参差不齐

《总体方案》要推进高校分类评价，引导不同类型高校科学定位；探索建立应用型本科评价标准，强化人才培养中心地位，突出培养相应专业能力和实践应用能力；等等。

自教育部、国家发展改革委、财政部于2015年10月联合发布《关于引导部分地方普通本科高校向应用型转变的指导意见》以来，大部分地方本科高校都积极参与转型，我国的高校分类评价也逐步走向成熟阶段，也为地方本科高校的发展带来新的机遇。然而，具有硕士学位授予单位的地方高校在此"关口"却面临着双向选择，是紧跟教育发展潮流转为应用型还是沿着既定发展轨迹前行。部分想要转型为应用型建设高校，一方面存在自身和其他本科高校的双重不理解问题，认为具有硕士学位授予权的高校的发展方向应是研究型；另一方面还存在与其他普通本科高校争夺资源的问题，还有部分具有硕士学位授予权的高校因自身发展原因在转型和晋升博士授权点之间犹豫不决。另有部分高校认为国家尚在"探索建立应用型本科评价标准"阶段，在没有明晰的标准出台之前，"应"仍然"阔步"在原有定位上。

3. 对教师评价改革的认识参差不齐

《总体方案》要求改进高校教师科研评价，明确突出质量导向，重点评价学术贡献、社会贡献以及支撑人才培养情况，不得将论文数、项目数、课题经费等科研量化指标与绩效工资分配、奖励挂钩。根据不同学科、不同岗位特点，实施分类评价，推行代表性成果评价，探索长周期评价，完善同行专家评议机制，注重个人评价与团队评价相结合。在新的评价体系建立健全的过程中，地方高校普遍担心，一旦取消了将高水平论文数、项目数、课题经费数等量化指标作为教师绩效发放标准，会严重打击教师的科研积极性和主动性。在评价指标"淡化"内容明确但"强化"内容没有明确的前提下，地方高校在教师科研评价问题上陷入困境，科研主管部门失去了简便易行的管理抓手，个别地方高校只能采取变通的方式，把论文、课题、经费转换为"绩点"进行考核。

4. 对学生评价改革的认识参差不齐

《总体方案》要求扭转当前学生评价中存在的以分数给学生贴标签的错误倾向，对学生实施综合素质评价，树立科学成才观念，促进学生德智体美劳全面发展。对此，有的地方高校认为，立德树人必须坚定且持续加强的基本要求毋庸置疑，而美育（非艺术专业）和劳育的开展落实却困难重重：一是地方高校以专业教育为主，重点培养学生未来就业岗位的专业技能，因此在美育和劳育课程设置上多以选修课为主，较少纳入必修课，没有平台依托，育人工作难以落实；二是地方高校一般规模较大，美育以专业性教育为主，要在全校普及美育（非艺术专业），师资力量难以满足需要；三是美育和劳育以表现性、过程性考核为主，单纯的知识考核难以考出学生的真实水平和素养能力，然而考核技能和素养因条件支持和师资不足又难以实现。上述认识继而导致对学生评价改革推进的进展不一。

(二) 教育评价改革制度不够系统

《总体方案》要求建立健全科学的评价制度体系,坚持科学有效,改进结果评价,强化过程评价,探索增值评价,健全综合评价。对照要求,地方高校在评价制度建设上存在诸多不足或缺失。

1. 评价制度覆盖不全面

有些评价工作领域缺少相应的制度支撑,评价工作开展缺乏规范性和严肃性,如经常性的评先树优和组织定性考核类评价。不乏高校通常以"下下通知、走个程序"的形式开展,至于评价标准、评价程序、专家选择等,一般由相关部门临时自行确定,较多时候只是商议一下,排排队即可得出结果;有的定性考核主要由单位或个人撰写述职报告,或以领导、同行等通过投票和打分的方式得出结论,无论哪种评价都忽视了对照预期目标仔细研判,得出的排名很难充分发挥结果运用的作用。对改革发展中的新事项或要求,如基层教学组织、劳动教育、"四新"专业建设标准等的评价的评价制度的滞后或科学完善制度的缺位,导致评价难以确保科学性和严肃性。

2. 评价制度科学性不强

评价制度不能全方位、动态性反映高校建设发展的实际状态和取得的成就。制度评价设计多关注评价对象总的结果状态,而对评价对象的过程状态和个体状态关照弱化。对于量化指标,一般关注总量较多,较少关注均量和增量的变化,较难客观呈现高校自身动态发展状况。评价过程的数据收集多为自下而上的呈报制,而对数据生成的准确性和合理性缺少必要审核和研判。因评价主体与制度设计者之间缺少深度沟通与有效交流，对评价初衷、价值取向和政策导向缺少必要的领悟、把握和行动自觉，尤其对定性评价部分融入较多主观成分，进而影响了评价结果的客观性和公信度。

3. 评价制度缺乏长效性

评价制度缺乏长效性主要表现为同一制度在规定的执行时限内发生变化和同一类别制度在前后衔接上发生较大变化。以教师评价制度为例，这类制度大多关涉教师的切身利益和学校中长期发展等，涉及面广、影响力大、关注率高，如职称评聘制度、岗位竞聘制度等。同一制度在规定的时限内发生内容标准的变化不乏少数，诸如教师在职称评聘中反映的"按去年的标准能够晋升，但按今年的标准就看不到希望"的情况依然存在；同一类制度前后不衔接、不连续的问题也比较突出，尤其是在学校或部门学院领导职务调整阶段，新任领导多会采用思想解放大讨论等方式，重新规划和设计学校或学院中长期发展。调研发现，在新建地方高校中，有半数以上高校在两个五年规划之间存在办学定位不一致、主要任务不衔接的状况。制度作为重要风向标，是引导、规范教师专业发展，实现学校建设目标的重要保障，制度的变化整体是向好、向前、促进公平、凸显效益、彰显特色的，如果变化较为频繁，不符合事物发展、特色打造和利益相关者的思想认同等规律，尤其在制度发布时效滞后、被评价主体没有心理预期和实际产出准备的情况下，或是基于原有政策要求准备不能契合新的要求，继而引发人们在一定程度上对新政策产生怀疑和抵触心理，甚至产生言语和行为上的不和谐，为学校潜在舆论危机埋下隐患。

（三）教育评价主体参与度不够

《总体方案》要求构建政府、学校、社会等多元主体参与的评价体系，建立健全教育督导部门统一负责的教育评估监测机制，发挥专业机构和社会组织作用。地方高校目前开展的教育评价主要包括省级教育主管部门对地方高校办学实力的评价、高校对部门和学院办学质量的评价、用人单位对毕业生的满意度评价等。综合上述评价，存在主管部门对教育评价改革指导有待深入、社会组织参与度有待提升等问题。

1. 对地方高校教育评价改革指导的精细化需要加强

2021年，教育部印发《普通高等学校本科教育教学审核评估实施方案（2021—2025年）》，开启了对全国本科高校的"分类评估"。新一轮评估把本科高校分为两类四种，即第一类审核评估针对具有世界一流办学目标、一流师资队伍和育人平台，培养一流拔尖创新人才，服务国家重大战略需求的普通本科高校。第二类审核评估根据高校办学定位和办学历史的不同，具体分为三种：一是重点以学术型人才培养为主要方向的普通本科高校；二是重点以应用型人才培养为主要方向的普通本科高校；三是首次参加审核评估、本科办学历史较短的地方应用型普通本科高校。第二类主要是指地方本科高校，教育部主要对其中的第一种和第二种中的个别高校进行评估，其他地方高校的评估任务主要落在省级教育行政部门。由于各地教育发展的基础不同，如何科学掌握评估要点的内涵、表征及其程度，存在较大挑战；对于同一层次的高校，在没有考虑综合类、医学类、农林类、理工类、师范类等办学属性与特色的前提下,如何开展评估,均需要精准指导。

2. 社会评价的参与主体和评价内容不够全面

评价地方高校的社会主体应包括用人单位、第三方评估机构、学生家长等。然而,在高校教育评价改革中,学生家长往往被排除在外,极少被纳入参与机制和结果反馈机制;用人单位对地方高校的教育评价多以参加高校组织的论证会、理事会的形式,且以肯定的语言、激励的话语进行交流,真正对基于人才需求的科学分析并不充分,来自高校和教育行政部门的调查显示,用人单位参与评价过程的积极性不高,同时对办学情况关注度不够;第三方评估机构对高校评价的指标体系往往不够全面,例如,评价高校学生学科竞赛获奖情况,只计算"挑战杯""互联网+""数学建模"等少数项目,不能覆盖富有专业特色的项目。另外,第三方评估机构的数据采集来源也不够精准,渠道不够权威,数据大部分为学校官方网站中公布的数据,比如,一所高校在教育部备案的专业数量多达近百个,但其自身只是公布了当年招生的70个专业,两者相差20多个,这就造成评估数据的不科学、不准确。

(四) 教育评价改革结果效用乏力

《总体方案》要求"完善评价结果运用,综合发挥导向、鉴定、诊断、调控和改进作用"。教育评价改革是教育发展的风向标、动力源。但是,地方高校教育评价改革在结果运用方面是乏力的,这种乏力,既有制度设计层面的原因,也有制度操作等层面的原因。

1. 在人才评价结果运用方面乏力

有的地方高校对人才往往十分渴望和高度重视。但由于缺乏引才、育才、留才的系统规划而对人才"饥不择食"的情况也很普遍，学校即使顺利过了引才关，由于担心人才离职及其对学校造成负面影响等诸多因素，未能真正重视引进人才的研究学科、可持续发展，难免有"叶公好龙"之嫌，使得考核结果运用失去效力。比如，花上百万元引进的高层次人才，没有按时履行合同任务，最终一走了之；引进的"高水平"博士，因其专业特殊性，无法与高校各专业发展需要相匹配，难以胜任教学科研岗位工作进而转岗从事辅导员等管理岗位工作，尽管最初签订合同中的任务考核结果为不合格，但其最终去向受考核结果的影响不大。

2. 在任期考核结果运用方面走过场

有的地方高校发展愿望十分强烈，尤其是有的新上任主要领导者的愿望更加迫切。在这种迫切愿望下，学校在制定教师任期科研任务指标时难以立足实际，往往以实力强劲的某高校的教师科研任务作为参照，制定高于自身建设能力的科研目标和科研任务，显而易见的结果是仅有不足一半的教师在任期期满后的考核中能够完成指标任务。这种情况下，"法不责众"的原则充分体现，如果此时正面临新任期更换了新任领导，且空缺岗位较为充足，未能完成任务的部分人员即可被补充，这就形成了无论考核结果如何都有编有岗的现象。

3. 在绩效调节杠杆运用方面未凸显

地方高校财力有限且长期投入不足的局面普遍存在，因此，在人员绩效分配上，既要平衡财力，又要稳定人员现有结构，避免因绩效收入差距过大影响稳定。虽然考核区分了优、良、中、差四个等级，但各等级比例上未能拉开有效距离。比如，某高校设置考核优秀等次和考核一般等次之间比例仅相差5%~10%，且考核优秀的单位比例一般不超过25%，如此制度规定，并不能充分调动个人发展和为学校事业发展的积极性，也很难发挥分配带来的杠杆调节作用。

4. 在学生实习实践方面的评价结果往往空对空

地方本科高校在人才培养方案中理论与实践的构成多为"3.5+0.5"模式，即前3.5年是理论课学习时间，0.5年为实习实践时间。多数高校会严格按照人才培养方案落实实践实训任务，同时加强考核和过程管理，确保人才培养质量。而随着学生诸如考研、考公务员、考教师资格证等需求的多元化，部分毕业生的实习处于"放羊"状态。为迎接实践教学检查，学院和实习单位在学生实习报告上写了评语，打了成绩，相当数量毕业生的实践实训状态却是没有"真实习"，但得到了"真评价"。

三　地方高校教育评价改革推进建议

（一）加强引导，提高教育评价改革的认同感和支持度

人是教育评价改革的推动者、实施者和受益者，是教育评价改革的主体力量和关键性因素，评价改革利益相关者对教育评价改革的认同感和支持度，则直接关系到评价改革的方向、质量和进程。认同感是指人们对自我及周围环境有用或有价值的判断和评

估,是以利益相关者的认知为分析框架,对改革评价及其结果所作出的内涵理解、观念认同和价值判断。为此,地方高校开展和推进教育评价改革,需要对教师、学生和学校管理者,以及行业企业等校社合作主体,开展不同层面、不同内容以及不同形式的教育引导或宣传教育,其主要包括三个方面:一是加强教育评价改革的战略价值和现实意义的宣传教育,强调以学生为中心、以促进学生发展为核心目标的改革取向,以育人为根本、以提高综合育人能力为重大使命的改革主线,从满足每位学生发展诉求的针对性、凸显地方高校发展的特色性、建设高质量教育体系的重要性、实现第二个百年奋斗目标的战略性等维度阐释改革的价值和意义;二是加强对教育评价改革"树立三观""四种评价""五项内容"等基本范畴及其要求的解读与宣讲,对评价改革中的新概念、新内涵、新转向、新要求,讲新、讲全、讲透、讲会;三是加强不同群体对教育评价改革的针对性教育引导,根据教育评价改革目标,分层分类设计教师、学生、管理者以及其他利益相关者应有的基本认识和达到的基本要求,组织教育引导宣讲内容,并通过面对面、问与答、媒体传播等多种灵活多样的方式实施改革评价内容的传播和理解。

支持度是一种能够促进扶持、帮助或支撑事物的行为或过程的投入程度,是在教育评价过程中,各利益相关者对开展教育评价改革的支持、促进和扶持力度。支持度的大小将直接影响教育评价改革的舆论环境、生态基础和深入程度。为此,加强各利益相关者对教育评价改革的支持度,需要做好以下三个方面的工作:一是坚持群众路线,激发广大教职员工参与教育评价改革的积极性和主动性,建立教育评价改革的领导组和工作组,健全科学有序的工作机制，研究落实评价改革的指导意见和内在要求，对评价改革的每项内容和推进环节，力求开展最大面域、最为深入的调查、分析和研定，实现自上而下改革政策与自下而上发展诉求之间的协调融合，使改革成为促进自我发展、彰显自身价值、激发师生内驱力的重要引擎；二是加强校企合作，争取社会力量对教育评价改革的资金支持和资源供给，评价改革的根本目的是为社会各行各业培养高素质专业化创新人才，助力产业转型升级和高质量发展，地方高校应主动且常态地深入行业企业，对接行业企业战略规划与人才需求，加快推进人才供给侧结构性改革，把人才培养和技术研发融入行业企业发展主线，使教育评价改革成为行业企业发展建设的先导性和基础性工程，争取相应支持和投入；三是健全激励机制，形成支持教育评价改革的良好生态环境，以评价改革目标为引领，修订完善现有激励政策，充分考虑影响评价改革的各种因素和作用机制，强化改革主线、严格改革标准、严肃纪律要求，明确激励内容、标准和形式，以规范的激励体系赢得各方面的大力支持和持续关注。

（二）强化协同，增强教育评价改革制度建设的系统性和整体性

教育评价改革是一项复杂的系统工程，需要教育利益主体和全社会的共同参与和努力，增强改革的系统性和整体性是改革成功的必要条件。

系统性是指各维度教育评价改革制度内部的层级、类别和时段之间具有清晰的逻辑关系，能够反映某一维度制度的发展沿革、结构内容、变化情况及其现实状态，具有规划引领性、相对稳定性和持续创新性等特点。如在教师管理维度的制度体系中，根据树立科学的选人用人观的改革要求，要从以往具体的政策措施层面提升到宏观的顶层设计层面[9]，在大学章程和学校发展规划中明确选人用人的价值取向、基本原则和测评指标，并贯彻落实到人才引育、职称晋升、评优树先、绩效发放等多项工作的具体操作中，形成基于顶层设计的多子维度协调统一的教师管理制度体系。在各子维度制度建设中，针对地方高校发展定位与职责使命，要合理定位教师管理的职责使命和工作偏向。处于创业阶段的高校，主要的发展任务为建基建业、建章立制，教师管理以建立健全队伍、加强行为规范、加大引领示范、加快专业发展为主；处于兴业阶段的高校，主要的发展任务为内涵建设、形成优势，教师管理聚焦于教师专业发展、团队建设和高质量教育教学，是在创业阶段基础上的聚焦与提升；处于成熟阶段的高校，主要的发展任务为常态办学、杰出贡献，教师管理致力于提供资源、加强服务、助推发展，使高校在规范运行的自觉中形成独特发展文化，并以这种文化的力量逐步引领经济社会的建设和发展。以上三个阶段构成高校发展的生命周期[10]，具有客观性和普适性。为此，教师管理制度改革要遵循这一基本阶段，在科学选人用人的理念指导下，充实不同阶段人才的应有素养，彰显出教师管理制度的阶段性和连续性。

整体性是指地方高校教育评价改革是由若干领域改革组成的复杂系统工程，认识并落实各领域制度的关联性和耦合性，是明晰复杂机理、增强评价改革整体性的必然之举。增强地方高校教育评价改革整体性，首先，要从战略规划的愿景设计向各领域、各层级制度之间的协同和互动转变,如教授为本科生上课问题,地方院校多为应用型建设高校,研究生教育规模较小,人才培养层次仍以本科教育为主,因此,教授为本科生上课全覆盖下的本科教育才能更彰显育人功能。落实这项工作,需要多主体参与、多部门协作和多方位监督。具体来说,不仅依靠学院或教务部门,还要发挥教学督导部门的监督检查职能,跟进上课过程,评估上课质量和水平;要发挥学生管理部门的评课反馈职能,通过学生了解教师师德师风、专业水平和教学效果;要发挥人事部门的人事晋升职能,将该要求纳入教师职称评聘的门槛条件,根据晋升层级不同,对上课质量作出具体规定,规避基本工作量和课时绩效不足以引起教师重视的问题。鉴于此,只有至少以上四个部门的协同与互动,才能使学校从根本上落实好该项要求。其次,要从关注制度建设的整体性向加强资源配置的联动性转变,再好的制度没有资源配置和条件支持,都将停留在愿景与设计层面;《总体方案》要求探索建立应用型本科评价标准,突出培养相应专业能力和实践应用能力。落实该项工作,首先要研制标准体系,并据此开展优化专业结构、研定培养目标、建设相应课程、搭建实训基地和开展专业评估等活动,每一环节均需要资金或设施设备等条件的支持,否则这一改革要求就难以落实落地。为此,要形成资源跟着制度走的机制,配合并支持相应制度目标的实现。

(三) 凝聚共识,健全多元主体参加的运行机制

地方高校教育评价改革涉及各级党委和政府、学校、教师、学生以及社会等多元主体,形成富有时代特征、彰显中国特色、体现世界水

平的教育评价体系，需要创新多元主体参加的运行机制和有力举措。

一是目标取向的战略认识机制。时代特征、中国特色和世界水平构成《总体方案》的概念逻辑和目标取向，要求地方高校的各项改革探索需充分考虑新时代我国地方高校建设发展所处的历史方位、现实基础以及《中国教育现代化 2035》的愿景要求。以传承优秀传统文化、增强文化自信和彰显中国特色为使命，以放眼世界发展，赢得世界认同，构筑命运共同体，领衔教育前行方向，深刻领会和认真贯彻习近平总书记指出的"我们对高等教育的需要比以往任何时候都更加迫切"[11]所蕴含的目标定位、职能定向和殷切期待，各主体才能够在更高站位、更远战略和更强使命的视域中审视和担负起教育评价改革的历史重任。

二是供需对接的合作发展机制。需求导向是地方高校人才培养和成果研发的基本遵循，也是高校职能价值体现的基本路径。社会行业企业作为人才与成果需求的主体，对高校人才培养质量和成果价值持有较大发言权，是地方高校教育评价改革不可或缺的重要力量。地方高校在办学实践中，要紧密对接国家重大发展战略、区域经济社会发展需求，充分发挥地方行业企业在学科专业建设、人才培养规格确定、科研成果转化和教师专业发展等方面的需求导向、平台支撑以及资源供给等方面的比较优势，加快推进行业企业融入地方高校建设发展的决策规划、制度制定、实施督导和效果评价，带动地方高校供给侧结构性改革，提高学校治理能力和治理水平。发挥政府统筹地方高校与区域社会发展的上位优势，健全供需对接长效机制，切实解决校社合作的形式化、短期化和表层化问题，使合作贯通学校产出全过程，共同体打造成为校社双方的行为自觉。

三是部门联动的凝心聚力机制。高校内设部门或结构是为实现高校五大职能、互相协作结合而成的集体。《总体方案》中明确的五项重点任务包括改革党委和政府教育工作评价、改革学校评价、改革教师评价、改革学生评价和改革用人评价等，其中前四项任务与育人密切相关，这足以体现出育人职能是高校的根本职能和首要职能，是衡量高校内设机构价值的主要参考。然而，这五种任务维度的结构布局，也明确了高校教育评价改革的价值取向，进一步凸显了高校办学的主要职能，体现了党和国家对高校办学方向的引领，强化了高校为党育人、为国育才的重要使命，与此同时，也对高校内部组织机构设置及其职能优化提出了基本要求和改革方向。是否能够服务于立德树人的根本职能，怎样发挥立德树人的根本作用，能够为育人目标的实现发挥多大的服务能力，诸多思考都应成为机构设置和优化布局的重要考察依据。因此，各组织机构应聚焦育人根本，凝聚多方力量，创新开展工作，形成基于根本职能的多部门联动共同体，显现高校机构设立的价值。

（四）彰显效能，提升评价结果使用的适切性和引导力

评价结果是依据评价标准对评价对象实施评价所得到的结论，表现为价值判断、数量表达或状态表征等，是教育评价改革的重要组成部分。教育评价结果的使用与教育评价改革目标、改革过程构成教育评价的闭环系统，是推动和深化教育评价改革的内生力量。加强教育评价结果使用，彰显结果效能，一是强化正确的结果使用导向，坚持把立德树人成效作为根本标准，作为衡量学校、学院和

部门、学科和专业以及教师和管理服务者等工作的重要指标，形成贯通上下、始终如一的办学坚定导向和行为准则，杜绝多头并进、弱化根本的思想和行为；牢固树立科学的教育发展理念，杜绝短视行为、功利化倾向，充分认识新旧评价体系破立交织、转型提升的长期性、复杂性，以及改革效果的滞后性和影响发展的深刻性，把改革评价结果作为事业发展的主要抓手和不懈追求。二是建立全面的评价结果运用体系，让教育评价结果与全校各项工作的基本状态、进展历程和未来趋势密切结合，形成基于评价结果的多维度组成的有机整体。在教师业绩评价上，坚持把师德师风作为第一标准，杜绝重科研轻教学、重教书轻育人等现象，推动师德师风建设常态化、长效化；把教授为本科生上课的门数和时数、指导学生论文（毕业设计）与社会实践、参与学生管理与服务以及帮助学生就业与创业等纳入教师岗位职责的重要内容，并把所有教师的履职情况纳入上级部门对学校年终考核、资金划拨和政策支持的重要内容；在学科专业建设评价上，强化人才培养中心地位，突出学科特色、质量水平和促进经济社会发展贡献，以此作为学校学科专业申报、发展机会支持的重要依据；淡化教师刊发论文收录数、引用率和奖项数等数量指标，纠正片面地以学术头衔评价学术水平的做法；在绩效工资分配和奖励发放上，打破以学院办学规模、论文、项目和奖励为主要发放依据的传统思维惯性，突出人才培养质量、团队建设水平、用人单位满意度、对接区域重大重点工作的贡献度以及经费使用绩效在发放中的比重等，引导学院对教育教学、基础研究的支持，增强应用型本科专业建设能力和实践应用能力。三是健全贯穿始终的教育评价结果使用体系。《总体方案》规定了十年目标和十五年目标，说明教育评价改革是一项长期复杂化的系统性工程，根据总体要求，地方高校教育评价改革要有科学的战略规划和具体的推进方案，探索长周期评价机制，针对每项重点任务均要进行具体部署，明确每一阶段的工作重点和重点工作，形成一体化设计的标准链、工作链和评价链，同时关照各项任务之间的协调和互动，共同推进总体目标的实现。

参考文献：

[1] 龚克.立德树人、素质教育与内涵式发展［J］.中国高等教育，2013（02）：6-8.

[2] 习近平在全国教育大会上强调：坚持中国特色社会主义教育发展道路 培养德智体美劳全面发展的社会主义建设者和接班人［EB/OL］.（2018-09-10）.http://www.moe.gov.cn/jyb_xwfb/s6052/moe_838/201809/t20180910_348145.html.

[3] 谢璐宇，田夏彪，黄云霖.凸显"五育融合"的学生多元化评价探究［J］.教学与管理，2021（34）：1-3.

[4] 周继良，吴肖，匡永杨.高校学生学业增值评价：基本属性、现实困境与实践理路［J］.现代教育管理，2021（12）：9-18.

[5] 韩国海.大学师德建设的内涵价值、现实困境与路径选择［J］.现代教育管理，2021（12）：80-86.

[6] 温志强，李永俊."双一流"背景下地方高校高端人才战略SWOT分析［J］.现代教育管理，2019（10）：77-82.

[7] 怀进鹏.为加快建设世界重要人才中心和创新高地贡献力量［J］.上海教育，2022（07）：1.

[8] 王杨.新时代应用型高校的建设困境与发展方向［J］.社会科学战线，2021（12）：266-270.

[9] 高杭.更加注重教育改革的系统性、整体性、协同性［J］.中国高等教育，2019（8）：58-60.

[10] 郭伟,李广平. 以战略规划带动高校发展模式转型——访高校发展战略规划专家别敦荣 [J]. 世界教育信息, 2015, 28 (23): 21-28.

[11] 习近平: 思想政治工作贯穿教育教学全过程 [EB/OL]. (2016-12-08). http://dangjian.people.com.cn/n1/2016/1209/c117092-28936962.html.

Realistic Picture and Suggestion of Educational Evaluation Reform in Local Universities

Li Zhongguo

Abstract: Education evaluation is the baton of the reform and development of education, the general scheme of deepening the reform of new times education evaluation " since its launch, local university education evaluation reform has achieved obvious results, further strengthen the fundamental mission of khalid ents, evaluation system to enhance the comprehensive and normative, led to the idea of yucai is turning, school-running orientation and goal vision further clear; At the same time, there are some problems such as uneven understanding of educational evaluation reform, inadequate system of reform, insufficient participation of the main body and weak effectiveness of reform results. In order to accelerate the reform of education evaluation in local colleges and universities, the following suggestions are put forward: first, strengthen guidance to improve the recognition and support of education evaluation reform; Second, strengthen coordination, enhance the system and integrity of educational evaluation reform system construction; Third, build consensus and improve the operating mechanism for diverse participants; The fourth is to highlight efficiency, improve the suitability and guidance of the use of evaluation results.

Keywords: Educational Evaluation; Local Colleges and Universities; Educational Reform

评价育人：政策、理论与实践三重逻辑

陈瑞生[*]

摘　要：评价育人是培养德智体美劳全面发展的社会主义建设者和接班人、培养担当民族复兴大任的时代新人的重要途径。评价育人的政策逻辑在于评价的功能是落实立德树人的根本任务，评价的机制是聚焦教育质量监测评估，评价的标准是坚持全面发展育人为本，评价的方式是坚决克服"五唯"顽瘴痼疾。评价育人的理论逻辑在于评价育人是在中华民族优秀传统文化中传承的，是在马克思关于人的全面发展伟大理论的构想中孕育的，是在新时代中国特色社会主义探索中创新发展的。评价育人的实践逻辑是其政策逻辑与理论逻辑在"形式、结构或生成原则"上的现实的表达，表现为理念是评价育人的支撑点，立德是评价育人的根本点，质量是评价育人的根本点，数字化

---

[*] 陈瑞生，重庆市教育评估院教育评价研究与数据中心书记，主任。

是评价育人的生长点。

关键词： 教育评价　评价育人　教育质量

中共中央、国务院印发的《深化新时代教育评价改革总体方案》（以下简称《总体方案》）指出，"坚持立德树人，牢记为党育人、为国育才使命，充分发挥教育评价的指挥棒作用，引导确立科学的育人目标，确保教育正确发展方向"。要求义务教育学校重点"营造和谐育人环境"，要"改革教师评价，推进践行教书育人使命""坚决克服重科研轻教学、重教书轻育人等现象"[1]，这就把评价与育人紧密地结合起来，并奠定了评价育人的基本逻辑。立足新时代教育评价改革的内在规律，从政策、理论和实践上梳理提炼评价育人的逻辑意蕴，对于深化新时代教育评价改革、以教育评价促进育人与育才相统一、成人与成才相融合具有重要的政策、理论和实践意义。

一　评价育人的政策逻辑

教育领域综合改革的价值取向是教育评价体系建构的逻辑起点。新时代党中央一系列重大的教育政策建构起评价育人的政策体系，要求以教育评价改革牵引育人方式、办学模式、管理体制、保障机制改革，以全面落实立德树人根本任务作为价值取向，以学生的全面发展作为价值旨归，以教育评价体系的完善作为方式创新。

（一）评价功能：落实立德树人根本任务

2013年11月12日党的十八届三中全会全体会议通过的《中共中央关于全面深化改革若干重大问题的决定》提出深化教育领域综合改革，把"全面贯彻党的教育方针，坚持立德树人，加强社会主义核心价值体系教育，完善中华优秀传统文化教育，形成爱学习、爱劳动、爱祖国活动的有效形式和长效机制，增强学生社会责任感、创新精神、实践能力"作为深化教育领域综合改革的首要任务，同时，提出"推进考试招生制度改革，探索招生和考试相对分离、学生考试多次选择、学校依法自主招生、专业机构组织实施、政府宏观管理、社会参与监督的运行机制，从根本上解决一考定终身的弊端"，强调"推行初高中学业水平考试和综合素质评价""逐步推行普通高校基于统一高考和高中学业水平考试成绩的综合评价多元录取机制"[2]。这就将考试评价与招生制度改革作为深化教育领域综合改革的"牛鼻子"。这样，不但将评价作为教育领域综合改革的重要内容，而且还把评价作为教育领域综合改革的重要手段，并通过这一改革的突破口，达到实现立德树人根本任务的目的。2014年9月3日，《国务院关于深化考试招生制度改革的实施意见》提出，"形成分类考试、综合评价、多元录取的考试招生模式""深化高考考试内容改革。依据高校人才选拔要求和国家课程标准，科学设计命题内容，增强基础性、综合性，着重考查学生独立思考和运用所学知识分析问题、解决问题的能力"。这就基于改革的视角，提出了评价具有育人的功能。

为此，原教育部考试中心（现教育部教育考试院）发布的

《中国高考评价体系》提出，"高考评价体系主要由'一核''四层''四翼'三个部分组成"。其中，"'一核'为核心功能，即'立德树人、服务选才、引导教学'""'四层'为考查内容，即'核心价值、学科素养、关键能力、必备知识'""'四翼'为考查要求，即'基础性、综合性、应用性、创新性'"[3]。可见，"一核"紧紧围绕的是教育的根本问题，即"培养什么人、怎样培养人、为谁培养人"。将立德树人置于这一核心功能的首位，是对基于素质教育的高考核心功能的高度概括，其意蕴一是通过落实立德树人根本任务，将其作为新时代高考性质定位的决定要素；二是通过突出立德树人根本任务，将其作为新时代高考的甄别功能的核心标准；三是通过坚持立德树人，将其作为新时代高考导向作用的集中体现。这样，就使得评价具有了育人性。《总体方案》则进一步明确了"稳步推进中高考改革，构建引导学生德智体美劳全面发展的考试内容体系，改变相对固化的试题形式，增强试题开放性，减少死记硬背和'机械刷题'现象"。这些，不但进一步明确了评价的育人功能，而且深化了人们对评价的育人性认识，使得评价育人在改革上得到了保证，并从改革的角度阐述了评价育人的重要性。

（二）评价制度：聚焦教育质量监测评估

2017年9月，中共中央办公厅、国务院办公厅印发的《关于深化教育体制机制改革的意见》提出，"系统推进育人方式、办学模式、管理体制、保障机制改革"，要求通过改革"着力培养德智体美劳全面发展的社会主义建设者和接班人"。为此，强调"要建立健全教育评价制度，建立贯通大中小幼的教育质量监测评估制度，建立标准健全、目标分层、多级评价、多元参与、学段完整的教育质量监测评估体系，健全第三方评价机制，增强评价的专业性、独立性和客观性"[4]。这就将深化教育体制机制改革的目的定位于培养德智体美劳全面发展的社会主义建设者和接班人，从而揭示了教育质量的本质。同时，将教育质量监测评估作为教育评价制度建设的必然要求，还要求开展相关监测评估工作。由此可见，建立健全教育评价制度的内在要求是聚焦教育质量的提升，而教育质量的提升要聚焦到"五育并举"上来。2019 年 2 月中共中央、国务院印发的《中国教育现代化 2035》在"发展中国特色世界先进水平的优质教育"的战略任务中提出"要构建德智体美劳全面培养的教育体系和科学的评价体系"，强调"构建教育质量评估监测机制，建立更加科学公正的考试评价制度，建立全过程、全方位人才培养质量反馈监控体系"[5]。这就要求把培养德智体美劳全面发展的社会主义建设者和接班人作为人才培养的目标，在规定了人才培养的方向的基础上，据此形成科学的评价体系。可见，明确人才的培养目标才是科学的评价体系构建的关键。

　　《总体方案》则提出"到 2035 年，基本形成富有时代特征、彰显中国特色、体现世界水平的教育评价体系"[6]的改革目标，这一教育评价体系的内涵包括五个方面的内容：一是对于党委和政府而言，其科学履行教育职责的水平要明显提高；二是对于学校来讲，立德树人根本任务的落实机制要更加完善；三是对于教师本职本位来讲，引导他们潜心育人、突出教育教学实绩的评价制度要更加健全；四是对于学生来讲，促进他们全面发展的评价办法要更加多元；五是对于教育发展良好环境营造来讲，社会在选人用人方式上要更加科学。其中，促进学生全面发展，也就确立了科学的育人目标；对促进学生全面发展进行评价，也就确保了教育发展的正确方向。

2022年10月16日，中国共产党第二十次全国代表大会在北京召开，习近平总书记在党的二十大报告中指出，"全面提高人才自主培养质量，着力造就拔尖创新人才""加快实现高水平科技自立自强"，要求"完善学校管理和教育评价体系"[7]。这就赋予了教育新使命新任务，体现了教育对中国式现代化建设的战略支撑作用，必须将完善教育评价体系置于实施科教兴国战略、强化现代化建设人才支撑的重大部署中加以谋划。这些就使得评价育人从机制上得到了保证，并从治理的角度阐释了评价育人的必要性。

（三）评价标准：坚持全面发展育人为本

2019年2月，中共中央、国务院印发的《中国教育现代化2035》强调，"完善教育质量标准体系，制定覆盖全学段、体现世界先进水平、符合不同层次类型教育特点的教育质量标准，明确学生发展核心素养要求"[8]。这就把教育质量标准体系的完善纳入具有中国特色、世界水平优质教育建设之中，并把学生发展核心素养作为教育质量标准的重要部分，体现了育人为本的思想。2019年6月11日《国务院办公厅关于新时代推进普通高中育人方式改革的指导意见》提出，"把综合素质评价作为发展素质教育、转变育人方式的重要制度，强化其对促进学生全面发展的重要导向作用"。"进一步健全分类考试、综合评价、多元录取的高校招生机制，逐步改变单纯以考试成绩评价录取学生的倾向，引导高中学校转变育人方式、发展素质教育。"[9]可见，无论是综合素质评价本身，还是以综合素质评价为核心的高校招生机制，都对育人方式转变与发展素质教育起着重要的导向作用。2019年6月23日，《中共中央国务院关于深化教育教学改革全面提高义务教育质量的意见》指出，"学校办学质量评价突出考查学校坚持全面培养、提高学生综合素质以及办学行为、队伍建设、学业负担、社会满意度等。学生发展质量评价突出考查学生品德发展、学业发展、身心健康、兴趣特长和劳动实践等"[10]。可见，全面发展是学生发展质量评价的根本标准。《总体方案》强调，"坚持把立德树人成效作为根本标准""加快完善各级各类学校评价标准"，要求"健全学校内部质量保障制度，坚决克服重智育轻德育、重分数轻素质等片面办学行为，促进学生身心健康、全面发展"[11]。这就要求标准建设要围绕立德树人根本任务的落实，将其作为学校内部质量保障制度建设的主要指标。

为了贯彻落实上述文件精神，2021年12月31日《教育部关于印发〈普通高中学校办学质量评价指南〉的通知》提出，在学生发展上提出"包括品德发展、学业发展、身心健康、艺术素养和劳动实践等5项关键指标，旨在考查学生德智体美劳全面培养全面发展情况……培养学生适应终身发展和社会发展需要的正确价值观、必备品格和关键能力"[12]。2021年3月1日《教育部等六部门关于印发〈义务教育质量评价指南〉的通知》强调，要"坚持育人为本""注重综合素质评价"。对于学生发展质量评价，则提出"主要包括学生品德发展、学业发展、身心发展、审美素养、劳动与社会实践等五个方面重点内容，旨在促进学生德智体美劳全面发展，培养适应终身发展和社会发展需要的正确价值观、必备品格和关键能力"[13]。无论是普通高中学校办学质量评价,还是义务教育质量评价,都指向了学生发展核心素养。

综上,不难发现,包括办学质量在内的教育质量的核心是学生的发展,而学生的发展一是全面的发展,二是面向未来的发展,三是终身的发展。为此,评价的标准制定一是要做到坚持学生全面发展,二是要做到坚持育人为本。这些就将评价育人的内容标准化,使得评价育人从标准上得到了保证,从标准的角度阐发了评价育人的规范性。

(四) 评价方式:坚决克服"五唯"顽瘴痼疾

《总体方案》要求,"扭转不科学的教育评价导向,坚决克服唯分数、唯升学、唯文凭、唯论文、唯帽子的顽瘴痼疾,提高教育治理能力和水平"。"各级各类学校要狠抓落实,切实破除'五唯'顽瘴痼疾。"[14]这就告诉我们,"五唯"是不科学的教育评价导向,是一种极端功利化的教育评价取向,是与坚持"五育"并举、全面发展素质教育的要求背道而驰的,为此要树立正确的教育评价导向。树立正确的评价导向,就必须将破除"五唯"作为重要的抓手。同时,把坚决克服"五唯"顽瘴痼疾视为提高教育治理能力和水平的重要组成部分,通过对其治理提升育人的能力与水平。可见,"五唯"评价,一是其机理是"顽瘴痼疾",需要全社会共同治理,才能恢复良好的教育生态,才能回到育人上来;二是其性质是一种结果评价,并排斥过程评价、增值评价与综合评价;三是其理念是考试成绩与升学率,以此评价学生与学校,并通过这样的排名评价教师;四是其方法的落后,采用的纸笔测试难以评价学生的全面发展状况，难以评价学生的高级思维与能力，难以评价学生的核心素养状况。针对"五唯"的功利性做法，《总体方案》要求，"加快完善初、高中学生综合素质档案建设和使用办法，逐步转变简单以考试成绩为唯一标准的招生模式"。"坚持科学有效，改进结果评价，强化过程评价，探索增值评价，健全综合评价，充分利用信息技术，提高教育评价的科学性、专业性、客观性。"[15]

坚决克服"五唯"顽瘴痼疾，就是要回到科学的教育评价导向上来，回归到育人上来。实际上，2017年教育部颁发了《中小学德育工作指南》，就明确提出了课程育人、文化育人、活动育人、实践育人、管理育人、协同育人等六大德育实施途径和要求，并要求，"建立区域、学校德育工作评价体系""认真开展学生的品德评价，纳入综合素质评价体系"[16]。这就把评价与课程育人、文化育人、活动育人、实践育人、管理育人、协同育人等六大育人要求结合起来。

2019年6月23日，《中共中央 国务院关于深化教育教学改革全面提高义务教育质量的意见》则强调"深化课程育人、文化育人、活动育人、实践育人、管理育人、协同育人"，要求突出德育的实效性，再次提出了育人的重要性，育人要注重德育工作，将立德融入学校的课程、文化、活动、实践、管理与协同中。

习近平总书记在党的二十大报告中强调，"培养什么人、怎样培养人、为谁培养人是教育的根本问题。育人的根本在于立德"[17]。这就告诫我们，育人是本，体现在人才培养的育人与育才统一的过程之中，而立德是育人的根本。这就要确定德育应有的地位，确立科学的评价体系，从而使评价具有关乎教育发展方向的作用。这些就使得评价育人从科学的教育评价导向上得到了保证,并从实施的角度阐明了评价育人的可操作性。

二 评价育人的理论逻辑

如果说评价育人的政策逻辑是从改革、治理、标准、导向的视角逐步展开,从而使得评价育人的重要性、必要性、规范性与可操作性得以保证的话,那么,评价育人的理论又是按照怎样的逻辑展开的呢?评价育人是在中华民族优秀传统文化中传承的,是在马克思关于人的全面发展伟大理论的构想中孕育的,是在新时代中国特色社会主义探索中创新发展的。

(一)评价育人的思想渊源

在我国教育评价的发展史上,评价育人的思想源远流长,总是伴随着中华民族优秀传统文化不断发展与完善。教育评价对评价功能、制度、标准、方式与育人进行着不断的探索,并始终与教育的发展紧密地结合起来,与对人的成长规律的不断认识紧密地融合在一起,最终沉淀为中华民族优秀传统文化的重要组成部分。

在教育评价功能上,形成了德智并重的观念,并以此作为对学生评价的价值取向。《礼记·学记》记载,"古之教者,家有塾,党有庠,术有序,国有学。比年入学,中年考校。一年视离经辨志,三年视敬业乐群,五年视博习亲师,七年视论学取友,谓之小成。九年知类通达,强立而不反,谓之大成"。这就告诉我们,在入学以后,第一年考查的是断句的能力,并能够辨别志向的趋势;

第三年考查是否能够专注于自己的学业，是否能够乐于在群体中合作与发展；第五年考查是否能够尊敬老师与长辈；第七年考查的是对学到的知识是否有自己独特的见解，是否能够甄别朋友。如果这些都能考查合格，那就叫作"小成"。第九年则需要考查知识融会贯通、触类旁通的能力，在遇事、遇到问题时不迷惑，不违背老师的训导，此乃"大成"。这就说明，在 2000 多年前，我国教育的优秀传统对学生的评价就有了德与智的观念，由此也开启了评价育人的序幕。

在教育评价制度上，明确了科举考试的体系，并以此作为对人才选拔的价值系统。科举考试制度源于隋朝，到了唐代逐步趋于完善，成为国家主要的考试形式之一。从这个意义上讲，科举考试制度是具有中国特色的评价实践。科举考试，顾名思义，"科"就是分科，"举"就是举荐，亦即通过分科考试来举荐人才的一种制度。科举考试主要分为常科与制科。常科的"常"是指常规，常科就是按照常规进行的考试；制科是指相对于常科而言的非常规的考试，只要天子下诏便可举行，并以此来选拔人才。尽管科举考试制度发展到后来，产生了多种弊端，最终走向了消亡，但其仍然具有一定的进步意义。其一是育人价值，始终注意人的伦理与品德的塑造，注重人的知识素养的培养，旨在通过考试选拔人才；其二是文化价值，以传播儒家思想为目的，旨在"代圣人立言""为万世开太平"；其三是机制价值，科举制作为一种评价制度的设计，具有一定的科学性，使得这一考试评价变得有章可循。

在教育评价标准上，明确了可以测量的指标，并以此作为对学业评价的价值判断。《周礼·地官》有云："保氏掌谏王恶，而养国子以道，乃教六艺：一曰五礼、二曰六乐、三曰五射、四曰五驭、五曰六书、六曰九数。"这就从评价标准的视角将"六艺"分为五礼、六乐、五射、五驭、六书、九数，并在其下又设立了不同的标准。以"五射"为例，分别设立白矢、参连、剡注、襄尺、井仪。"一曰白矢，要求射出的箭要穿透箭靶，露出箭头。二曰参连，要求第一箭射出后，后三箭连续射出。三曰剡注，要求箭头入靶，箭羽高翘。四曰襄尺，要求君臣同射时，不得并立。臣子须退后一尺。五曰井仪，要求射出的四箭在靶上形成井字形状。"[18]可见，站在现代教育评价的视角看"五射"，它所提出的指标及其测评工具已经初步具备了量化的概念。同时，这一指标的多少被用来作为能否参与祭祀的条件，据《礼记·射义》，"是故古者天子之制，诸侯岁献贡士于天子，天子试之于射宫。其容体比于礼，其节比于乐，而中多者，得与于祭。其容体不比于礼，其节不比于乐，而中少者，不得与于祭"。正所谓"国之大事，在祀与戎"[19]，于是，"五射"不但具有了量化的意义，有了指标上的高低，而且将其上升到"国之大事"，也就有了价值判断的意义。

  在教育评价方式上，明确了学习规范的导向，并以此作为对育人评价的价值遵循。据袁枚《随园随笔》记载，"书院始于唐玄宗所建丽正书院、集贤书院，初非士子肄业之所，仅为官府修书之地"。故胡适在评说书院时作了这样的评价，"在一千年以来，书院实在占教育一个重要位置。国内的最高学府和思想渊源惟书院是赖"[20]。就评价育人的向度而言，书院对教育评价同样产生重要的影响，有着重要的地位。书院在评价方式上是以学规为评价的导向，其中以朱熹的《白鹿洞书院揭示》（也称《白鹿洞书院教条》

《白鹿洞书院学规》)为代表,朱熹强调立志,"志乎义,则所习者必在于义,所习在义,斯喻于义矣;志乎利,则所习者必在于利,所习在利,斯喻于利矣"[21]。朱熹不但"将这些规定用学规的形式固定下来,就形成了较为完整的书院教育教学理论体系,为后世学规和办学准则提供了借鉴与范本"[22],同时,还将评价作为管理书院的工具,这也被后人认为是:"这大约是中国评估史上第一次提出了对于学校评估的标准。"[23]此外,这也开创了以制定学规评价学生的先河。

(二) 评价育人的哲学基础

马克思在《1844年经济学哲学手稿》中说:"动物只是按照它所属的那个种的尺度和需要来建造,而人却懂得按照任何一个种的尺度来进行生产,并且懂得怎样处处都把内在的尺度运用到对象上去。因此,人也按照美的规律来建造。"[24]这就是马克思关于"两个尺度"的著名论断,即物种尺度与内在尺度。在马克思看来,"物种尺度"指向的是客体对象自身的性质,要求的是合乎规律性,从这个意义上讲,它属于"物的尺度";"内在尺度"则指向的是主体本质力量的性质,要求的是合乎目的性,从这个意义上讲,它属于"人的尺度"。沿用这样的思想,我们对人与事物进行评价,评价的规律性又怎样与它的目的性做到相统一呢?对此,马克思哲学提供了"整体社会的视界",它与"某个零碎生活的局部原则"(如主体性原则等)根本不同,它"既消化又保留了它们",因而成为一个"不可超越的意义视界"[25]。这样,马克思就提供了基于问题思考的"意义视界",于是,"两个尺度"的理论就在这个

"意义视界"中被建构起来。

这样，马克思关于评价尺度，就为人们提供了一个全新的理论语境，"第一，评价尺度不是一个抽象的绝对标准，而是一种现实的'生成逻辑'。第二，评价尺度不是一条实体化的终极界线，而是一个关系化的'意义视界'。第三，评价尺度不是一个单纯主体本质力量的确证法则，而是一个人与自然是否和谐统一的判定方法。第四，评价尺度不是一个以理性为最终裁决者的'神圣观念'，而是一个现实人的社会性诉求与社会历史的主体性表达的结合方式。第五，评价尺度不是一种理论的思维方式，而是一种实践的思维方式"[26]。这就是说，评价尺度一是必须符合现实的"生成逻辑"。二是不是针对实体而言，而是针对关系来讲，亦即"不是对实体所作的直观评价而是对关系所作的意义评价"。三是"评价尺度不再像'理性存在论'那样仅仅是人对自然界征服和占有的力量或程度的唯一标识，而成为人与自然是否和谐统一且人在这个统一中是否得到全面发展的判定方法或衡量标准"。四是"评价尺度的设定则实现了人及其主体性回归，并实现了人与社会、社会与人的统一，从而构成了一个现实人的社会性诉求与社会历史的主体性表达的结合方式"[27]。五是评价尺度要当作实践去理解。基于此，也就使得对人与事物的评价在合规律性与合目的性上实现了统一。

依照马克思的观点，教育也是合规律性与合目的性的统一。那么，这种统一对于教育而言，就是实现人的全面发展，可以说，实现人的全面发展是教育的美好理想与追求。马克思、恩格斯在《共产党宣言》中指出，"代替那存在着阶级和阶级对立的资产阶级旧社会的，将是这样一个联合体，在那里，每个人的自由发展是一切人的自由发展的条件"[28]。这就是说，共产主义社会最本质的特征，就在于人的自由而全面发展。可以说，马克思主义关于人的全面发展学说是马克思主义根本价值观的具体体现。

马克思主义关于人的全面发展学说需要从整体上加以把握，一是"人的自由而全面发展"是人的自由个性的全面发展；二是"人的自由而全面发展"不是指人的单个个体的素质的自由而全面发展，而是整个社会的人的整体素质的全面发展；三是人的全部，亦即每一个个体都能自由地发展，这种发展是按照自己意愿的发展。马克思还对人的全面发展所需的社会条件作了分析，他认为，"个人是什么样的，这取决于他们进行生产的物质条件"[29]。这说明，生产力的发展不但为人的全面发展奠基，而且为人的全面发展提供更多的自由时间。

马克思主义关于人的全面发展学说对全面发展的教育具有重要意义，长期以来被作为党的教育方针的理论依据。从合规律性上讲，要处理好全面发展与个性发展的关系；从合目的性上讲，要处理好做到教育发展观与学生发展观的和谐统一。这就要求教育要回到学生本位上来，回到学生的价值评价上来，回到人的价值评价上来，回到评价育人上来。

对人的价值评价，马克思主义认为，"历史承认那些为了共同目标劳动因而自己变得高尚的人是伟大人物。经常赞美那些为大多数人带来幸福的人是最幸福的人"[30]。那就是说，对人的价值评价，主要是对人的社会价值，即人对促进社会进步的评价，也就是对人的责任、贡献的评价。对人的价值评价，不只是看动机，还要看效果，做到动机与效果的统一。对此，恩格斯指出，"对头脑正常的人说来，判断一个人不是看他的声明，而是看他的行为；不是看他自称如何如何，而是看他做些什么和实际是怎样一个人"[31]。可见，在马克思主义看来，动机与效果统一的前提是效果的侧重。对于教育而言，育人的评价既要看动机，但更重要的是育人的效果。总之，要做到评价育人的合规律性与合目的性的统一。这样，马克思主义基本原理就为评价育人提供了哲学基础。

（三）评价育人的时代创新

习近平总书记在党的二十大报告中指出，"只有把马克思主义基本原理同中国具体实际相结合、同中华优秀传统文化相结合，坚持运用辩证唯物主义和历史唯物主义，才能正确回答时代和实践提出的重大问题，才能始终保持马克思主义的蓬勃生机和旺盛活力"[32]。评价育人的时代创新正是将中华优秀传统文化作为其理论源泉，将马克思主义的基本原理作为其哲学基础的时代产物。"党的十八大以来，习近平总书记就教育评价改革提出了一系列新思想新观点，集中阐述了推进教育评价改革的地位作用、重点任务和方法路径，科学回答了教育评价改革一系列重大理论和实践问题。"[33]

育人的根本在于立德。2013年，习近平总书记在看望参加政协会议的医药卫生界教育界委员时指出，"要围绕建设高质量教育体系，以教育评价改革为牵引，统筹推进育人方式、办学模式、管理体制、保障机制改革"[34]。这就科学地确立了教育评价改革在教育综合领域改革中牵引作用，具有动力机制。2018年，在北京大学师生座谈会上，习近平总书记指出，"人才培养一定是育人和育才相统一的过程，而育人是本。人无德不立，育人的根本在于立德。这是人才培养的辩证法"[35]。习近平总书记在党的二十大报告中再次强调，"育人的根本在于立德"[36]。这就为人才的培养与评价提出了标准与要求。他还十分重视育人的方式方法，提出"要坚持把立德树人作为中心环节，把思想政治工作贯穿教育教学全过程，实现全程育人、全方位育人"[37]。这些主要论述深刻地阐述了评价育人、评价育德的重要性，为评价育人指明了方向。

教育评价是指挥棒。习近平总书记高度重视教育评价的指挥棒功能，2018年9月10日，他在全国教育大会上的讲话中指出，"有什么样的评价指挥棒，就有什么样的办学导向。现在，教育最突出的问题是中小学生太苦太累，办学中的一些做法太短视太功利……"[38]指挥棒指向哪里，这是教育评价改革的方向性问题，它回答的是教育"培养什么人""为谁培养人"这些教育首要的问题。习近平总书记列举了"指挥棒"问题的种种表现，"教育的指挥棒在中小学实际上是考试分数和升学率……关于德育、素质教育的应有地位和科学评价体系没有真正确立起来"[39]"基础教育普遍存在超前教育、过度教育现象"[40]。习近平总书记高度重视考试招生评价改革，强调"考试招生制度的指挥棒要改，真正实现学生成长、国家选才、社会公平的有机统一"[41]。这就科学地阐述了教育评价之于育人的重要性，评价改变了指挥棒的不正确的指向，育人的功能就油然而生。

完善教育评价体系。习近平总书记高度重视教育评价体系建设，2018年9月10日，针对"教育最突出的问题是中小学生太苦太累，办学中的一些做法太短视太功利"的做法，他认为，造成这一老大难问题的原因是"关于德育、素质教育的应有地位和科学评价体系没有真正确立起来"[42]。在中央全面深化改革委员会第十四次会议上，习近平总书记明确提出，"建立科学的、符合时代要求的教育评价制度和机制"[43]。在审议《总体方案》时，习近平总书记进一步强调，"到2035年，基本形成富有时代特征、彰显中国特色、体现世界水平的教育评价体系"[44]。在教育文化卫生体育领域专家代表座谈会上，习近平总书记指出，"要抓好深化新时代教育评价改革总体方案出台和落实落地，构建符合中国实际、具有世界水平的评价体系"[45]。在党的二十大报告中，习近平总书记要求，"完善学校管理和教育评价体系"[46]。这些重要的论述告诉我们，教育评价体系一是要体现时代特征，那就是要培养德智体美劳全面发展的社会主义建设者和接班人；二是要体现中国特色，那就要加强党对教育的全面领导；三是要体现世界水平，那就要讲好中国的评价育人故事，传递中国的评价育人好声音。对此，他要求，"对学校、教师、学生、教育工作的评价体系要改，坚决改变简单以考试排名评老师、以考试成绩评学生、以升学率评学校的导向和做法"[47]。这样就保证了评价在体系上的育人功能，在评价体系的构建上实现评价育人。

树立正确评价导向。习近平总书记在全国教育大会上的讲话中强调，"坚决克服唯分数、唯升学、唯文凭、唯论文、唯帽子的顽瘴痼疾，从根本上解决教育评价指挥棒问题，扭转教育功利化倾向"[48]。习近平总书记针对学校存在的"五唯"等功利做法，提出"要把立德树人成效作为检验学校一切工作的根本标准"[49]。这就强调了教育的政治属性与社会主义属性，那就是"教育就是要培养中国特色社会主义事业的建设者和接班人，而不是旁观者和反对派"[50]。可见，教育评价对教育培养什么人、怎样培养人、为谁培养人具有指挥棒的作用。对此，他强调，"人，本质上就是文化的人，而不是'物化'的人；是能动的、全面的人，而不是僵化的、'单向度'的人"[51]，其本质就在于"对教育的社会主义性质和坚持党对教育事业全面领导权的维护，确保教育的政治功能牢牢定位于为社会主义事业培养建设者和接班人"[52]。这就说明，正确的评价导向一旦确立，就使得评价育人成为现实。

三　评价育人的实践逻辑

"教育实践的逻辑是教育实践行为的一般形式、结构或生成原则，是各种教育实践样式得以可能并共同分享或遵循的内部法则。"[53]从这个意义上看，评价育人的政策逻辑与理论逻辑是其实践探索的基本依据，而评价育人的实践逻辑是其政策逻辑与理论逻辑在"形式、结构或生成原则"上的现实的表达。

（一）理念：评价育人的支撑点

理念的本质"就是在于时刻召唤人们脱离盲目平淡的日常现实，上升到完满的观念世界"[54]。这种阐释就告诉我们，第一，理念高于现实世界；第二，为现实提供一个可供追求的蓝图；第三，理念是从"日常现实"上升到"观念世界"的桥梁。据此，评价育人的理念应该就是教育评价"应然"状态的设计，它要为教育评价未来的发展提供超越教育评价现实状态的规划与蓝图。

评价育人的理念当然是与人有关，评价育人关涉评价如何去谈论人、研究人。在谈论人与研究人上，常常出现的是两种不同的观点，一种是育分的评价，另一种是育人的评价。对于育分的评价来讲，"它们所说的人是物化的人、被动的人、唯分数至上的人"，这样，育分评价就使得"学生就异化成为实现这一目的的手段，而没有把学生本身的成长与发展作为目的来对待"[55]。对于育人的评价而言，"不再把人看成是可资利用的工具来对待，而是把人当作发展的主体，当作教育教学的目的来对待"[56]。这样，育人评价就将评价育人的理念定位在"不是评价是什么样的人，而是评价引领成为什么样的人"，实现了评价从"对育人的评价"走向"为育人的评价"，并最终走向"作为育人手段的评价"。

"对育人的评价"的本质是对育人表现的结果评价。美国学者洛克希德（Lockheed, M. E.）曾对学生的学业成就评价提出了六个目标，他认为，这六个目标是"为高一级的教育选拔学生；认证学生的成就；监测成就变化的趋势；评价特定的教育项目和政策；促使学校、学区对学生成就负责；诊断个体学习需要"[57]。在这六个标准中，除了诊断个体学习需要之外，其他五个标准的实施均是"对学习的评价"（assessment of learning），其逻辑在于对心理测量的推崇，"对育人的评价"也沿用这样的逻辑。应该看到，"对育人的评价"目前已被广泛地应用于国家的质量监测中，不仅在于其选拔性与认证性仍然在评价中发挥主要的作用，还在于其对特定的教育项目和政策的评价发挥着决策咨询的作用，并由此成为要求区域、学校对育人效果承担其责任的有效工具，亦即"通过对学业成绩以及由此体现出来的学业表现、品德行为、身心健康以及影响学生学业成绩的教育环境与社会环境等测评，实现学生的健康快乐成长"[58]，从而使得"对育人的评价"就从单一的维度转向多元的维度。

我们应该清晰地看到，"对育人的评价"常常会因为不能有效地解决育人工程中出现的现实问题而受到质疑，如何让评价有效地促进育人？这就要求从"对育人的评价"走向"为育人的评价"。美国教育学者布卢姆（Bloom, B.S.）在教育目标的分类学说中表达了对"为学习的评价"（assessment of learning）的需求。为此，他专门设计了将教育目标用于"计划、教学、学习和评价这一循环圈中"[59]，并由此建立了一种能够支持学生学习的评价模型。在布卢姆看来，"为学习的评价"关注的是"相对于自己而非他人的个体成就，检测能力而非智力，发生于相对不受控制的情绪中，因此不能产生'人人都可通用的数据'，寻求最好的而不是典型的表现。如果不考虑作为标准化测验的特征的规则和限制，它是最有效的，体现着一种建设性的评价观，目的在于帮助而非惩罚学生"[60]。这就力求将教育评价从经典的心理测量中分离出来。"为育人的评价"同样沿用着这样的逻辑，它强调的是评价如何为育人改进服务，其本质是育人过程的评价，这就需要评价"从强调内容标准的测评理论向以强调表现标准的测评理论转移"[61]。

"教育评价无论做什么或是怎么做，都必须紧紧扣住育人这个主线，鉴别也好，诊断也好，选拔也好，改进也好，都是育人。有利于育人，继而有利于人的全面发展的评价，就是好的教育评价，反之则不然。"[62]可见，无论是"对育人的评价"，还是"为育人的评价"，都在育人中发挥着重要的作用，特别是"为育人的评价"

越来越多地受到关注,但"作为育人手段的评价"还未受到足够的重视。"作为育人手段的评价"遵循的是"作为学习手段的评价"(assessment as learning)的逻辑,其理论逻辑源于 21 世纪形成的"评价即学习,也即教育"的观念,亦即在改进结果评价、强化过程评价的语境下,如何将评价活动融入学习活动之中,将评价作为学生主动学习的一种手段,在学习中评价,在评价中学习,评学结合,以评促学。这样,坚信学生发展了什么,将成为评价育人的主要方向,它必将以如何让学生更好地发展作为未来评价育人的追求。

(二)立德:评价育人的根本点

《总体方案》要求,"探索开展学生各年级学习情况全过程纵向评价、德智体美劳全要素横向评价"[63]。这就是说,"学习全过程纵向评价"贯穿各级各类教育,而"德智体美劳横向评价"则联通于各级各类教育。因此,在评价育人上就是要落实好立德树人的根本任务,因为"育人的根本在立德"。

"德"的观念首先由周人提出,《荀子·王制》有云,"皇天无亲,唯德是辅"。中国古代先哲对"道德"的许多认识与阐述中,最为经典的就是《周易·坤卦·象传》的"地势坤,君子以厚德载物",对应乾卦"象传"中"天行健,君子以自强不息"。

儒家视"仁"为安身立命之本,作为中华民族的传统美德之一的仁是孔子和儒家提出的最高道德理想与道德原则之一,是儒教伦理道德思想的核心。孔子强调,"弟子入则孝,出则悌,谨而信,泛爱众,而亲仁;行有余力,则以学文"[64]。《孟子·梁惠王上》

有语："老吾老以及人之老，幼吾幼以及人之幼"以及《孟子·尽心上》中有言，"亲亲而仁民，仁民而爱物"，这都是对儒家仁爱思想的继承与发展。

在德育原则上，中国历史上教育思想家主要提出了自觉、力行、克己、尚志等原则。孔子强调道德修养要依靠自觉修炼，"仁远乎哉？我欲仁，斯仁至矣"[65]就是此意。为此，他主张"吾日三省吾身，为人谋不忠乎？与朋友交而不信乎？传不习乎？"[66]孔子提倡"力行"，主张做人要"言必信，行必果"[67]。这样，就把言行一致看成道德高尚的表现，显然，在孔子看来，言行不一的人不是一个道德高尚的人。孔子在力行的基础上倡导克己，他把克己看作是处理人际关系的一种尺度。他提出"君子求诸己，小人求诸人"[68]。这就是君子与小人的区别，只有做到了以此为参照系，才能"躬自厚而薄责于人"[69]。孔子非常重视志向对于人的重要性，因此强调，"三军可夺帅也，匹夫不可夺志"[70]。孟子注重对人的理想人格的塑造，为此，他提出了"大丈夫"的概念。孟子在《孟子·滕文公下》中对"大丈夫"作了这样的描述，"富贵不能淫，贫贱不能移，威武不能屈"。

综上可见，道德教育理论是从中华民族优秀传统文化中发展并逐步走向成熟的，这就为评价育人把立德作为根本点提供了丰富的思想资源与实践依据。《左传·襄公二十四年》"太上有立德，其次有立功，其次有立言，虽久不废，此之谓不朽"[71]讲的就是立德之思想在古代人才培养与服务国家发展中的重要地位，唯有"立德"，方能"立功"，而后才能"立言"。可见，立德具有树立人之德性之意义。

2021年3月1日，教育部等六部门印发《义务教育质量评价指南》，针对少数学生理想信念缺失问题，提出"了解党史国情，珍视国家荣誉，铸牢中华民族共同体意识，爱党爱国爱人民爱社会主义，立志听党话、跟党走，从小树立为实现中华民族伟大复兴的中国梦而努力奋斗的志向"[72]的考查要点，坚持了育人为本，彰显了评价育人的根本是立德的要求。

2021年12月31日，教育部印发的《普通高中学校办学质量评价指南》，对学生的品德发展提出了"坚定理想信念，了解党史国情，珍视国家荣誉，立志听党话、跟党走；具备社会责任感，养成良好行为习惯"[73]等考查要点，旨在提高学生品德素质，在实践中彰显了评价育人功能。

2022年10月，国务院教育督导委员会办公室印发《关于做好"十四五"期间普通高等学校本科教育教学审核评估工作的通知》，一是凸显了名称之变。由"教学审核评估"到"教育教学审核评估"，名称之变反映的是在评估理念、范围、内容、要求、实践等方面的变化。二是凸显了"两个根本"。其一是根本任务，立德树人是高校根本任务，其二是根本标准，即立德树人是检验高校一切工作的根本标准。三是凸显了评价育人。在评估全过程、全方位中融入立德树人，其一是在"学生发展"中的第一个二级指标就是"理想信念"。其二是"三个增设"，即增设了"党的领导""思政教育"等定性要求，增设了思政课专任教师与折合在校生数比例等"5项数据"定量标准，增设了教师、学生、教材选用等"红线"问题与能否及时发现并妥当处置的"负面清单"等切实举措。可见，在普通高等学校本科教育教学审核评估实践中，已经将立德树人的工作思路、基本要求、激励政策、保障措施融入评估指标体系，以此强化评价的育人功能，以评价牵引普通高等学校本科教育要将立德树人作为硬性指标，并使之在评价上做到从对立德树人的比较抽象到可操作落实，从难以评价、难以考核到能够评价、能够考核。

（三）质量：评价育人的着力点

提到质量时，人们常常将"质量是什么？""影响质量的因素是哪些？""质量又如何去测量？"这三个问题紧密联系起来思考。同样，作为评价育人着力点的质量也是与这三个因素紧密联系起来的。

谈到什么是质量时，又常常与人们的质量观以及质量的标准相关。质量观指向的是质量的内涵。质量标准指向的是质量的表现，亦即质量之水平，质量的可视化、可测化是其需要解决的问题。在评价育人的实践中，常常面对的是三种不同的质量观：一是内适性质量观，二是外适性质量观，三是个适性质量观[74]。内适性质量观是指"学生一个阶段的学习为下一个阶段的学习所作准备的充分程度，这门课程的学习为下一门相关课程学习所作准备的充分程度，这一学段的学习为下一个学段学习所作准备的充分程度"[75]。在这种质量观看来，学业质量标准是其固有的特征。"学业质量标准以课程培育的核心素养及其表现水平为主要维度，结合课程内容，对学生学业成就表现进行刻画和描述，用以反映课程目标的达成度。"[76]而学业标准又是一个与学业质量相关的概念，它既与学生完成具体课程的阶段性学习相关，又与学生在课程内容学习后的收获与变化相关。外适性质量观"强调教育必须适应并满足国家、社会和教育顾客的需要，否则教育便不具有意义"[77]，可见，在这种质量观的观照下，是依据标准参照性评价来对教育质量进行评价。个适性质量观"强调学生作为人的自由与独特性、整体性、自我指导性，认为学生理智的训练、心智的发展和完善，比功利的目的更重要，个性的陶冶比知识的掌握更重要"[78]。

综上所述，内适性质量观反映的是学科的逻辑以及教育的规律，但它不是教育质量的全部；外适性质量观反映的是教育满足社会需要的重要性；个适性质量观反映的是教育满足个体需要的重要性。据此，我们可以把教育质量理解为，在遵循教育客观规律与学科自身逻辑的基础上，教育所培养出来的人才满足社会需要与个体需要的程度。作为评价育人着力点的质量，在评价的实践中就是要树立育人的质量意识，并以此形成评价育人的质量文化。

2022年10月，国务院教育督导委员会办公室印发《关于做好"十四五"期间普通高等学校本科教育教学审核评估工作的通知》，无论是第一类评估高校，还是其他类评估高校，均首次提出了"质量文化建设"的概念。对第一类评估高校明确要求"注重质量保障的文化机制，引导高校提升内部质量保障能力，加强质量文化建设"；对其他类评估高校明确提出"质量管理、质量改进、质量文化"三个二级指标，并以此支撑"质量保障"一级指标。可见，质量已经成为新一轮审核评估育人中伴生的热点。

2021年12月31日，教育部印发的《普通高中学校办学质量评价指南》，在学生综合素质上，提出了"养成健康生活习惯，积极参加体育运动，不沉迷网络游戏，体质健康达标，保持乐观向上心态""积极参加美育活动,掌握1~2项艺术技能""具有尊重劳动、热爱劳动的观念,积极参加家务劳动、校内劳动和校外劳动"[79]等考查要点。可见,质量已经成为普通高中学生综合素质评价的关键所在。

培育与建设评价育人的质量文化,一是要形成评价育人的质量自觉。质量自觉要形成三个导向,即学生导向、产出导向、持续改进导向。学生导向就是要确立学生中心的原则,将学生的"五育"发展效果作为育人质量关注的焦点;产出导向就是要从学生课程目标、学习目标的设计以及实施上保障学生的学习成果;持续改进导向就是要在评价的开始阶段建立起全方位、全过程的"评价—反馈—改进"闭环,并建立健全持续改进的机制。二是要完善育人质量保障体系。质量保障体系是评价的体系化与规范化,这就要求通过评价建立起符合学校办学定位、办学理念、育人目标、课程体系、课程实施、课程评价层层落实的教育教学质量保障体系,并以此建立对于育人质量保障本身的多元评价机制,形成常态化的育人质量自我审核与检视的长效机制。三是推动育人质量评价改革,强化评价育人的激励功能与引导功能,并以此促进育人质量保障工作之重心从制度层面向文化层面转移。

把质量作为评价育人的着力点体现了多体系协同育人的思想,其一表现在与其他育人体系的协同上。要以评价育人牵引课程育人、文化育人、活动育人、实践育人、管理育人,并通过评价打通它们之间的阻隔,使评价育人能够与它们紧密联系起来。找到评价育人与它们之间的联系点,使评价育人的抓手与张力能够向社会生活拓展,向校外延伸,形成系统化、生活化、网络化的育人格局。

其二表现在与"三全育人"的协同上。要将评价育人融入全员育人、全程育人、全方位育人的"三全育人"中。

(四)数字化:评价育人的生长点

数字化是一个与物理空间和数字空间相关的概念,物理空间与信息化的概念相关,数字空间则是与数字化及其转型的概念相关。可见,理解数字化的关键不但要厘清信息化的概念,也要厘清数字化转型的概念。对于评价来讲,信息化是评价过程借助信息技术,在物理空间之闭环中完成的,数字化则是评价过程中通过所建立的物理空间之映射而生成的孪生数字空间,换句话讲,评价过程已不是在物理空间中建立逻辑闭环,而是在数字空间中建立逻辑闭环,并调用物理空间中的教育评价元素,建构教育评价新的范式。从这个意义上讲,教育评价的数字化转型就是以数据为核心要素,以对教育评价全过程、全要素的物理空间可数字化识别、可计算、可存储为手段,以建立教育评价的数字化空间为关键,以更新教育评价理念、变革教育评价模式为目的,建立教育评价新范式的完善教育评价新体系。

那么,以数字技术为驱动的数字化转型又是如何促进评价育人的?"一种新媒介的长处将导致一种新文明的产生。"[80]数字技术作为一种将作为物理空间的人与物完全数字化并使其相互联系、相互作用的新媒介,终将"都会引发社会变革,建构新的社会关系和社会结构,开创新的社会生活和社会行为方式,重塑新的教育形态"[81]。可见,数字技术改变作为传播的教育是历史发展的必然,同样,数字技术改变教育评价及其育人方式也是一种历史发展的必然。但不管数字化如何转型，教育落实立德树人的根本任务不变，教育培养德智体美劳全面发展的社会主义建设者和接班人以及培养担当民族复兴大任的时代新人是不变的，遵循教育规律与人才成长规律是不变的。教育评价数字化转型的根本标准在于立德树人的根本任务是否落实，在于是否促进学生的德智体美劳全面发展，在于是否培养社会主义的建设者和接班人。总之，要通过教育评价数字化转型带来理念更新和模式变革的系统性的改变，更好地服务于"为党育人，为国育才"。

教育评价的数字化转型离不开数据。"数据是数字空间的基本构成，也是物理空间的重要资源，更是联结二者的纽带。"[82]可见，数据驱动着教育的全过程全要素的评价，这就要求从根本上改变"主要采用考试方式，以样本代表全部，以某一时点代表常态，从某一时刻局部定量分析，推出常态整体定性结果"的现象，而是要"通过教育数字化转型，加强教育评价数据治理。建立学生成长、教师发展数字画像。基于大数据，优化评价模型，重构教育评价机制。改进结果评价，强化过程评价，探索增值评价"[83]。

教育评价育人的数字化转型需要以数据治理为核心。数据治理是实现数据价值的关键所在，因为在财富中唯一能够最终沉淀下来的就是数据。唯有通过数据，才能将自然空间、社会空间、生命空间联结在一起，并最终投射形成数字空间。《上海市教育数字化转型实施方案（2021—2023）》要求建立学生、教师、教育机构三个核心数据库，通过"一数一源"解决数据的一致性，并最终实现数据应用的一体化。同时，数据治理的基础是统一数据标准，这是将数字空间连成一体的前提。上海市发布《上海教育数据管理办法

（试行）》《上海教育管理基础信息分类与代码（试行）》《上海教育数据质量管理规范（试行）》《上海教育数据安全管理规范（试行）》《上海教育市级数据资源管理技术平台数据集成技术规范（试行）》《上海教育市级数据资源管理技术平台数据服务管理规范（试行）》等文件，就较好地统一了数据的标准。

教育评价育人的数字化转型需要以流程再造为抓手。教育评价育人的数字化转型下的流程再造需要在物理空间全面梳理的基础上抽象出完整的数据流程，即提供数据的采集、处理、流转、存储等，在数字空间上建立新的逻辑闭环。在数据的采集上，要借助数字技术，采集学生全息数据。"所采集的学生学习数据尽可能'有效'，能够在数据挖掘中找到学生学习全过程、发展全要素的逻辑。"[84]将这些数据和已经存储在各类信息系统的相关数据进行融合，便可以形成学生发展的数据库。数据处理主要涉及数据的计算与建模，对于数据计算就是通过数字技术，将评价育人的理论模型、指标体系与学生发展的相关数据进行关联，以提取对于学生发展具有完全性、历史性、表现力构建的数据；数据建模，就是"基于理论知识和特征计算，人机协同构建起学生综合素质评价各指标以及整体评价结果的数据表征模型，保证评价结果的科学、准确及可用性"。[85]在数据流转上，要将评价的结果运用于教育教学的实践之中，从而实现评价育人之功能。在数据存储上，要使数据具有索引与存储之效用，可随着再挖掘、再加工、再计算、再应用等功能提升，不断焕发出数据新的价值。这四个阶段便形成了数字化转型下评价育人的闭环反馈与迭代循环。

参考文献：

[1][6][11][14][15][44][63] 中共中央，国务院. 深化新时代教育评价改革总体方案［EB/OL］. http：//www. moe. gov. cn/jyb_ xxgk/moe_ 1777/moe_ 1778/202010/t20201013_ 494381. html.

[2] 中共中央. 中共中央关于全面深化改革若干重大问题的决定［EB/OL］. http：//www. gov. cn/zhengce/2013-11/15/content_ 5407874. htm.

[3] 教育部考试中心. 中国高考评价体系［M］. 北京：人民教育出版社，2019：6.

[4] 中共中央办公厅，国务院办公厅. 中共中央办公厅国务院办公厅印发《关于深化教育体制机制改革的意见》［EB/OL］. http：//www. gov. cn/xinwen/2017-09/24/content_ 5227267. htm.

[5][8] 中共中央，国务院. 中共中央、国务院印发了《中国教育现代化2035》［EB/OL］. http：//www. moe. gov. cn/jyb_ xwfb/s6052/moe_ 838/201902/t20190223_ 370857. html.

[7][17][32][36][46] 习近平. 高举中国特色社会主义伟大旗帜 为全面建设社会主义现代化国家而团结奋斗——在中国共产党第二十次全国代表大会上的报告［EB/OL］. http：//cpc. people. com. cn/n1/2022/1026/c64094-32551700. html.

[9] 国务院办公厅. 国务院办公厅关于新时代推进普通高中育人方式改革的指导意见［EB/OL］. http：//www. gov. cn/zhengce/content/2019-06/19/content_ 5401568. htm.

[10] 中共中央，国务院. 中共中央 国务院关于深化教育教学改革全面提高义务教育质量的意见［EB/OL］. http：//www. gov. cn/zhengce/2019-07/08/content_ 5407361. htm?ivk_ sa=1024320u.

[12][73][79] 教育部. 教育部关于印发《普通高中学校办学质量评价指南》的通知［EB/OL］. http：//www. moe. gov. cn/srcsite/A06/s3732/202201/t20220107_ 593059. html.

[13][72] 教育部等六部门. 教育部等六部门关于印发《义务教育质量评价指南》的通知［EB/OL］. http：//www. moe. gov. cn/srcsite/A06/s3321/202103/t20210317_ 520238. html.

[16] 教育部. 教育部关于印发《中小学德育指南》的通知［EB/OL］. http：//

www.moe.gov.cn/srcsite/A06/s3325/201709/t20170904_313128.html.

[18][19] 孙诒让. 十三经清人注疏: 周礼正义[M]. 北京: 中华书局, 1980: 731.1911.

[20] 胡适. 书院制史略[A]. 东方杂志二十一卷[C], 1924(2).

[21] 涂又光. 中国高等教育史论[M]. 武汉: 湖北教育出版社, 1997: 208.

[22] 陈瑞生. 学校精神研究[D]. 上海: 华东师范大学, 2010.

[23] 孙崇文, 伍伟民, 赵慧. 中国教育评估史稿[M]. 北京: 高等教育出版社, 2010: 59.

[24] 马克思恩格斯. 马克思恩格斯全集(第42卷)[M]. 北京: 人民出版社, 1979: 96-97.

[25] F. Jameson. Marxism and Historicism (Vol. XI, No. I)[M]. New Literary, Autumn 1979: 42.

[26] 旷三平. 评价尺度的本体论研究[J]. 哲学动态, 2004(7): 12.

[27] 旷三平. 评价尺度的本体论诠释——抑或一个被"遮蔽"了的问题的"解蔽"[J]. 哲学动态, 2003(11): 29-31.

[28] 马克思恩格斯. 马克思恩格斯选集(第一卷)[M]. 北京: 人民出版社, 1995: 294.

[29] 马克思恩格斯. 马克思恩格斯选集(第三卷)[M]. 北京: 人民出版社, 1972: 24.

[30] 马克思恩格斯. 马克思恩格斯全集(第40卷)[M]. 北京: 人民出版社, 1982: 7.

[31] 马克思恩格斯. 马克思恩格斯选集(第一卷)[M]. 北京: 人民出版社, 2012: 560.

[33][52] 课题组. 构建科学的符合时代要求的教育评价制度——习近平总书记关于教育的重要论述学习研究之七[J]. 教育研究, 2022(7): 4, 13.

[34] 习近平看望参加政协会议的医药卫生界教育界委员[EB/OL]. https://m.gmw.cn/baijia/2021-03/10/34675754.html.

[35][49] 习近平在北京大学师生座谈会上的讲话[EB/OL]. http://politics.people.com.cn/n1/2018/0503/c1024-29961468.html.

[37] 习近平出席全国高校思想政治工作会议并发表重要讲话[EB/OL]. http://qnzz.youth.cn/zhuanti/shzyll/tbhdp/201612/t20161230_8999207.htm.

[38][40][41][42][47] 习近平. 习近平谈治国理政(第三卷)[M]. 北京: 外文出版社, 2020: 348, 347, 348, 349, 349.

[39] 习近平出席全国教育大会并发表重要讲话[EB/OL]. http://www.gov.

cn/xinwen/2018-09/10/content_ 5320835. htm.

[43] 中央深改委审议通过《深化新时代教育评价改革总体方案》[EB/OL]. https：//www. eol. cn/news/yaowen/202007/t20200701_ 1736125. shtml.

[45] 习近平. 在教育文化卫生体育领域专家代表座谈会上的讲话[EB/OL]. http://www. gov. cn/xinwen/2020-09/22/content_ 5546157. htm.

[48] 习近平. 坚持中国特色社会主义教育发展道路 培养德智体美劳全面发展的社会主义建设者和接班人[EB/OL]. http://www. moe. gov. cn/jyb_ xwfb/s6052/moe_ 838/201809/t20180910_ 348145. html.

[50] 习近平总书记谈"培养什么人"[EB/OL]. http：//www. qstheory. cn/zhuanqu/2021-03/09/c_ 1127189506. htm? ivk_ sa=1025922x.

[51] 习近平. 之江新语[M]. 杭州：浙江人民出版社，2007：150.

[53] 石中英. 论教育实践的逻辑[J]. 教育研究，2006（1）：3.

[54] 肖海涛. 大学理念[M]. 武汉：华中科技大学出版社，2001：3.

[55] [56] [58] [61] 陈瑞生. 学业测评理论研究的新趋势：凸显育人为本[J]. 课程·教材·教法，2014（2）：41-42.

[57] Lockheed, M E. Assessment and management：World Bank Support for Educational Testing. In: Little, A. &A. Wilf（eds.）. Assessment in Transition：Learning, Monitoring and Selection in International Perspective, Pergamon Press, 1996：29-31.

[59] [60] Gipps, C. Assessment for Learning. In：Little, A. & A. Wilf（eds.）. Assessment in Transition：Learning, Monitoring and Selection in International Perspective, Pergamon Press, 1996：254-255.

[62] 刘云生. 论新时代系统推进教育评价改革[J]. 国家教育行政学院学报，2022（2）：19.

[64] [65] [66] [67] [68] [69] [70] 钱穆. 论语新解[M]. 北京：生活·读书·新知三联书店，2014：9, 174, 7, 310, 370, 367, 220.

[71] 左传全鉴[M]. 北京：中国纺织出版社，2015：192.

[74] [75] [77] [78] 陈玉琨. 教育评价学[M]. 北京：人民教育出版社，2006：223-224, 223, 224, 224-225.

[76] 余文森. 论义务教育新课程标准的教育学意义[J]. 课程·教材·教法，2022（6）：11.

[80] 哈罗德·伊尼斯. 传播的偏向[M]. 何道宽译. 北京：中国人民大学出版社，2003：28.

[81] 李永智. 媒介环境学视域下的教育信息化2.0[J]. 新闻爱好者，2018（9）：46.

[82][83] 李永智. 教育数字化转型的构想与实践探索[J]. 人民教育, 2022 (7): 16-18.

[84] 刘云生. 运用现代信息技术开展学生立体评价的时代蕴与探索思路[J]. 国家教育行政学院学报, 2020 (10): 8.

[85] 郑勤华. 善用信息技术做好学生综合素质评价[N]. 中国教育报, 2022-12-02.

Educational Evaluation Education: On Triple Logic of Policy, Theory and Practice

Chen Ruisheng

Abstract: Educational evaluation education is an important way to cultivate the socialist builders and successors with all-round development of moral education, intellectual education, physical education, aesthetic education and labor education, and to cultivate a new generation of young people capable of shouldering the mission of national rejuvenation. The logic of the policy of the educational evaluation education lies in that the function of evaluation is to carry out the fundamental task of molding high morals and cultivating talents based on people orientation, the mechanism of evaluation is to focus on the monitoring and evaluation of education quality, the evaluation standard is to adhere to the all-round human development and education as the foundation, and the evaluation method is to resolutely overcome the chronic disease in the field of education of the problem of "Five-Only's". The theoretical logic of the educational evaluation education lies in that it is inherited in China's excellent educational tradition culture, conceived in Marx's great thoughts on all-round human development, and innovatively developed in the exploration of socialism with Chinese characteristics in the new era. The practical logic of the educational evaluation education is the realistic expression of its policy logic and theoretical logic on the "form, structure or generation principle". It is expressed as the idea is the support point of the educational evaluation education, molding high morals is the fundamental point of the educational evaluation education, quality is the root point of the educational evaluation education, and digital is the growth point of the educational evaluation education.

Keywords: Educational Evaluation; Educational Evaluation Education; Education Quality

学校体育发展的评估：公平视角*

张 朋**

摘 要：新时期体育在教育中的比重和决定性作用日益扩大，学校体育发展的公平性成为"人人共享""全面发展""全体受益"等教育理念落实的关键问题。办好人民满意的教育是我国教育治理的根本宗旨。从公平视角对学校体育发展合理评估，需要理解学校体育的起点公平、过程公平和结果公平三个维度及其内涵，认识学校体育发展中体育资源配置失衡，运动弱势群体疏于关照，两性不平等，学校体育竞赛制度偏离"群育"目标，体育被弱势、歧视等公平缺失问题；发现其带来资源短缺和浪费两难困境、弱者得不到同情和补偿、学生生存和发展权利遭受剥夺、健康不平等和社会不公正等不良后果。造成学校

---

* 教育部人文社会科学项目（19YJC890058）。
** 张朋，温州大学体育与健康学院副教授，硕士生导师，博士，研究方向为学校体育与教育公平。

体育公平缺失的因素多元，主要为社会经济发展差距、国家政策导向和公平观念缺失三个。学校体育公平发展的实现路径需要统一认识、制度维护、强化行动落实和建立评估体系。构建独立的"学校体育发展公平评价指标体系"，需要从现有学校体育政策要求中择取指标，指标需要兼具全面性、现实性和前瞻性。

关键词： 学校体育　体育资源　教育治理

公平是社会稳定的天平，是教育发展的永恒主线，是体育的基本法则。从1978年《国际体育教育和运动宪章》申明"体育和运动是每个人的基本权利"，到联合国《2030年可持续发展议程》确认，体育是"可持续发展与和平的重要推动者"。体育自身公平问题及透过体育或运动促进社会公正、包容性的研究和实践探索从未中断。契合新时代"教育成果共享""全体学生受益""每个学生得到全面发展"教育理念，学校体育发展的宏观、中观、微观不同层面公平性审视研究日趋深化。如解构体育学科弱势和教师边缘化问题、运动弱势群体与残障学生融合体育的创设、女性体育参与及平权斗争、体育资源配置公平与效率辨析、体育伦理失衡和政策分析、学校体育教育均衡评价等。诸多学者以学校体育公平为轴心围绕现象陈述、消除策略、立法借鉴、课程改革等不同内容，包括学校体育中的权利与机会、资源配置、教学过程、特殊群体等多方面进行论述，可谓成果丰硕。但经过进阶性归纳分析发现亦有一些有待缝合之处，如对学校体育公平缺失问题的呈现仅部分式地描述未做全面性归纳，对于学校体育公平内涵未见理论上建构和确认，对于新时代教育对学校体育公平发展的新诉求也未达成共识，公平视角下学校体育发展评估要点尚未厘清，而这些正是本研究想要作出的新探索和新求知，以此帮助各利益主体识别、挑战和改变学校体育现有不平等的权利关系，驱动学校体育向公平性和以人为本的伦理品行复归。

新时期，体育在教育中的比重和决定性作用日益增大。"体育与健康"课程占义务教育总课时比例为 10%～11%，成为第三主科，体育中考全覆盖，分值大幅增加。高校招生中启动使用体育素养评价，36 所强基计划高校招生，体育测试是必考项目。学校体育发展的公平性评估成为发展人民满意的教育的最佳回应。

一 学校体育发展的时代诉求：以公平为核心

（一）发展公平而有质量的教育是我国教育改革的生命线

党的十九大报告指出，中国特色社会主义进入新时代。新时代我国社会主要矛盾已经转变为人民日益增长的美好生活需要和不平衡不充分发展之间的矛盾，我国教育发展也从此进入建设教育强国的新时代。新时代教育发展的基本战略也发生了根本性变化，逐步缩小我国教育发展在数量、结构、质量与效益方面的不平衡，解决人民日益增长的良好教育需要与教育不平衡不充分的矛盾成为新时代教育发展的主要矛盾和工作任务。我国城乡教育差距有待缩小，教育脱贫事业任重道远，民族地区教育质量有待提升，校际教育发展水平差距明显[1]。2018年政府工作报告提出了"发展公平而有质量的教育"的发展方向。为实现《中国教育现代化2035》，党中央、国务院确定我国教育发展的十项战略任务之一就是实现基本公共服务教育均等化，让人民享有更公平的教育。[2] "有质量的教育公平"成为教育公平的新诉求，即满足人民对美好教育的需求。努力办好人民满意的教育，实现公平与质量的双赢教育发展模式成为新时代对教育的新要求。

（二）公平是解决我国现实体育发展矛盾和体育未来健康发展的主动脉

"社会公平问题在体育领域主要表现为群众体育与竞技体育结构失衡、城乡体育分野、东中西部体育发展不均、弱势群体体育权益保障政府责任缺位。"[3]中国体育发展的公平问题主要指竞技体育公平、社会体育公平和学校体育公平三个方面的内容。

（1）竞技体育优先发展的战略并没有阻挡住由利益诱发竞技体育公平竞争原则的丧失，加上科技进步的"助力"，不公平竞争行为频发。如参赛资格的弄虚作假、服用违禁药物、执裁不公、成绩造假、科技依赖等。竞技体育公平缺失有损国家和民族的形象、背离体育精神、异化社会价值观念。

（2）群众体育（社会体育）公平是关系民生、体育价值普惠的重大问题。因区域经济发展不平衡、相关政策偏向、群众体育活动主体的社会阶层等级分化等，我国群众体育资源总体匮乏，群众体育资源配置区域不公，群众体育参与不公。[4]如最为典型的农民工体育参与不足、残疾人体育参与的社会排斥[5]等问题。"我国体育公共服务的资源配置不公、服务体制二元化、机会不公及适用规则不公等非公平正义性"[6],影响民生、破坏民心,引发社会发展不良心态与行为。推动体育公共服务均等化、实现全民健身公平[7]是促进社会公平正义的重要途径。

(3)当前学校体育教育发展中不平衡不充分、学生体育权利受到侵犯、体育教学过程公平缺失、学校体育资源分配失衡、学校运动弱势群体被忽视等,导致青少年学生接受残缺教育,降低了学校体育价值,弱化了民族竞争力。总之,"体育公平是社会公平不可或缺的组成部分,是体育健康发展的内在要求,具有促进社会稳定的功效"[8],也是深化体育改革、实现健康中国和体育强国亟须突破的重大难题。

(三)学校体育公平发展是青少年健康成长的重要基础

教育公平是实现社会公平和教育现代化的重要基础,也是我国教育治理的突破口。学校体育是教育的组成部分,教育公平的实现离不开学校体育公平化。"教育现代化包括学校体育艺术的现代化,如果教育是民族振兴和社会进步的基石,那么学校体育就是教育的基石。"[9]另外,学校体育又是青少年期形成健康生活方式、保持身心健康和养成终身体育习惯,及保障未来生活质量和成就的关键。教育发展失衡造成学生学校体育教育效果的差异性有目共睹,学校体育基本活动保障程度不一造成学生体育教育权利与教育机会不均等,区域、城乡、校际和群体体育学习资源配置和使用不公平,学校体育教育结果与发展机会不能共享等种种困境。学校体育发展不平衡、不充分与人民对体育教育的需求之间的鸿沟亟须填平。

2016年国家体育总局发布的《青少年体育"十三五"规划》提到,"应试教育对青少年体育的影响及青少年体育区域、城乡发展不协调、不平衡矛盾仍是面临的长期性挑战"。2020年10月《关于全面加强和改进新时代学校体育美育工作意见》中补齐短板、弱势倾斜、面向全体的工作原则,配齐配强体育师资、开齐开足体育课、优化场地资源配置、完善体育教师岗位评价等工作要求无不渗透着公平的追求。公平价值取向下的学校体育发展伦理规范的回归和"异化"处理是脱离当下学校体育发展困境的必经之路。"教育公平就是学校体育合道德发展的基础"[10],以公平为核心的学校体育发展评估体系是衡量学校体育是否完成"以体育人""全面发展"目标的基本准绳。

二 学校体育发展"公平"性评估的三个维度及其基本内涵

对学校体育发展公平性内涵的阐释离不开对教育公平的理解。"目前关于教育公平的界定主要有三种,一是从实践主体出发将教育公平界定为教育活动中对每个教育对象公平和评价的公平;二是从教育公平结果将教育公平分为原则公平、操作公平和结果公平;三是从教育活动过程来看,把教育公平分为起点公平、过程公平和结果公平。"[11]其中第三种界分原则最为普遍和广为接受。学校体育公平依附于教育公平的发展程度,受其限制与影响。总体教育公平化的程度必然会惠及或波及学校体育,但体育又是教育中一个独立环节,有其自身的教育样貌和发展态势,"学校体育"这一场域就限定了其置于学校内部相对最为妥帖和合理。以学校体育作为一个独立系统而言，学生的学校体育受教权利和机会（体育是否开课？学校是否组织课外活动和运动会？）就是起点公平。体育作为必修课，《体育法》《学生工作条例》规定学校必须开设体育课就保障了起点公平；学校体育过程公平就是指学校体育中教学、课外活动、竞赛等一切活动参与和受到对待的公平性；学校体育结果公平指学校体育学习效果的公平（得所应得）。学生进入学校接受体育学习的整个过程即发生于教育的过程，但这是对教育而言的，而不是针对学校体育来说的：前一个说法参照物是学校体育；而后一个说法参照物是教育。整个学校体育里面发生的事件是教育过程中的问题，却是学校体育的全部问题，因为"学校体育"这个名词也证实是在学校场域内。

按照教育公平的三段论，首先是学校体育教育起点公平问题，即受教的权利与机会享有平等；其次是同等条件的学校体育资源获取与利用的学校体育过程公平问题；最后则是获得学校体育教育成效的结果公平问题。学校体育教育起点、过程与结果上的差异是我们衡量学校体育公平的标准。

（一）学校体育教育起点公平

教育起点公平指个人有平等的受教权利和机会，是教育公平的基础，直接影响着教育过程公平和结果公平。"体育教育起点指学生入学前各个学校所拥有的场地与器材设施情况、师资水平情况与学校的政策对于体育教育的支持程度。"[12]即每个学生所享有的公平进行体育学习的权利、机会和资源（教学条件）。起点公平涉及学校体育师资配置与经费投入，体育器械设施达标，体育课时、课余活动与体育竞赛保障程度和参与广度等综合性体育工作，其中区域间、城乡间、校际在体育师资、场地、政策上不均衡是影响学生体育教育起点公平的基础性问题。此外，体育教育起点公平性问题还会涉及家庭、社会的各个层面。如家庭背景因素的介入、社会制度的干扰等。学校体育教育起点公平的实现与《体育法》《学校体育工作条例》等学校体育政策法规文件的实施有直接关系。从我国学校体育政策法规教育公平维度审查的结果可知，起点公平制度论述法条占总公平条文的41%[13]。起点公平是兜底、是基础。

（二）学校体育教育过程公平

教育公平的实现，有一个从起点公平到过程公平，再到结果公平循序渐进的过程。起点公平为个人发展提供条件，结果公平是理想状态，无法实现，唯有过程公平是最大的公平[14]。过程公平是现阶段教育公平的追求与升级，成为决定教育质量和公平、效率的决定性因素。教育过程公平的核心是公平"对待"，包含三层意思：一是对每个人都平等对待，"有教无类"；二是对不同的人不同对待，有差别的平等，"因材施教"；三是对特殊需求的人特别对待，"特殊补偿"。[15]"教育过程公平包括教育内部公平和教育外部公平，前者主要通过学校和教师活动得以实现，如教育观念公平、教育目标公平、课程设置公平、教育评价公平等；后者则强调国家对于教育资源公平保障，如同等的硬件教育设施、软件的师资配备等。"[16]宏观上表现为受教育者享有均等的教育资源，宏观上推动学校体育过程公平的责任主体是各级政府和教育管理部门；微观上体现在教育者平等对待每位学生，为其提供充足的教育机会，做到差异化对待和补偿性教育，微观上的责任者是广大教师。过程公平是实质上的公平，不仅指教育公共资源配置方面的平等、均衡或差距缩小，而且包括解决上述教育系统内部普遍存在的不平等、不民主，以及等级化、边缘化、排斥、欺侮等问题。

学校体育公平追求的关键也是教育过程的公平，学校体育过程公平是指学生在学校体育学习和活动进程中受教机会、条件的平等，如课程设置、资源分配、教学过程、教学评价等能照顾到全体，受到平等且差异性对待。影响学校体育过程公平的外源性要素是教育资源分配是否平等；内源性要素是指教师在教学过程中是否平等对待学生。教学是教育的中心，教育过程公平最终落实到教学过程公平。学校体育教学过程中公平失衡的典型表现，一是体育课堂空间资源分配不均，不同群体在体育资源使用与空间占用上存在差距；二是教学评价不公，表现在纯运动技能化的学习效果评价、缺乏过程性学习评价、学生参与评价权利虚无、教师评价偏见等；三是师生互动差异，体育课师生互动在互动对象、互动空间、互动方式等方面存在差异，这些差异影响学校体育教育公平性。另外，两性不平等、课堂内弱势群体缺乏关照也都归属于过程公平问题。学校体育过程公平是实质上的公平。

（三）学校体育教育结果公平

教育结果，顾名思义是指学生在一段学习经历以后所获得的结果及影响。教育结果不仅指学习成绩，也包括直接的教育产出和间接的教育影响两个范畴，两者共同作用于教育质量的近期表现和远期发展。那么，学校体育的直接效果既是对个体身心健康的直接产出，又是远期发展的重要资本，这两者在概念上可以区分，在现实中相互重叠。Schalock将教育结果具体形式分为三类，即产品、事件和条件。产品是教育后获得的实体，事件是可观察的行为过程，条件指的是获得有形或无形的状态。依此理解学校体育的教育结果，产品应是体育成绩单、体质测验成绩或相应的运动能力水平等级证；事件是指运动参与时态特征、运动比赛的完成；条件是通过学校体育获得的身心健康、精神面貌及运动能力。国际教育领域侧重于强调实际的表现，将教育结果定位于能够反映学生成功地应用所学的概念、信息、观点、工具的一种行为或表现。屈宏强构建了学校体育均衡发展指标，一级指标学校体育结果用二级指标学校体育效果和体育态度与兴趣、体育技能掌握情况、学生对体育工作满意度、体质测试合格率4个三级指标加以衡量。于素梅认为衡量体育教学质量的高低可以从学生的体质健康、运动心理品质、基本运动能力和运动技术等方面展开，将体育教学质量评价要素归纳为"有（有兴趣、有习惯、有态度）、懂（懂知识、懂技术、懂方法）、会（会交往、会合作、会学习）、能（能掌握、能提高、能运用）"4个因素[17]。《学校体育工作条例》第三条说明学校体育工作的基本任务是增进学生身心健康、增强学生体质，使学生掌握体育基本知识，培养学生体育运动能力和习惯；提高学生运动技术水平，为国家培养体育后备人才；对学生进行品德教育，增强组织纪律性，培养学生的勇敢、顽强、进取精神。从基本任务是否完成来理解学校体育教育质量包括体质健康状况达标情况，基本运动知识、技能掌握情况，运动习惯的养成、竞技体育后备人才培养情况，学校基本品德教育和责任发展情况。因此，"对于学校体育而言，其教育结果表现在学生体质健康发展，运动技能发展、态度、情感、价值观等方面"[18]。

目前，教育界对教育结果公平存有两种观点：一种观点认为，因人的先天禀赋及起点和过程不公平性的存在，教育结果公平是不可能也不现实的，但可以使学生学习结果上均达到较高的基本标准；另一种观点认为，教育结果公平不是教育成就的均等、绝对的平等，而是无论学生之间家庭条件、智力水平等先天因素的差距如何，通过教育的过程，每个学生能够获得平等的教育上的增量，这部分的平等才是真正意义上的教育结果的公平。教育家顾明远提出："最终的教育公平，应该是每个学生都能通过教育而激发潜能，得以发展，通过教育而获得人生路上的成功机会。"教育结果的公平可以用个性潜能得到适性发展（与潜力相符合的教育成就）、达到学业成就最低基本标准、成功机会相等予以表达。由于个体差异性，学校体育过程中资源使用与教育机会的不平等性，学校体育效果这一教育结果上得到公平是不可能的事情。

总而言之，学校体育公平是指个体在接受体育教育过程中，所被分配的教育资源（权利、机会、经费等）能因其差异背景与需求获得相对应的分配，得以透过学校体育开发潜能及获得适性发展。内涵是指所有学生有平等接受体育教育的权利和机会及获得个体发展差异性的尊重；体育资源配置均衡；运动弱势群体在接受体育教育时具有补偿性；体育与其他教育具有同等的发展机会，体育工作者获得同等待遇和社会认可。机会平等原则、差别原则、补偿原则成为当前学校体育公平的基本原则。学校体育起点公平、过程公平和结果公平是学校体育发展公平性评估的三个主要维度。

三　学校体育发展公平缺失问题的表征与危害

（一）公平缺失问题

1. 学校体育资源区域间、城乡间、校际配置失衡

教育不公平首先表现为教育资源的不公平。"我国体育资源供给的区域、阶层和群体相对公平性差异明显，弱势群体体育资源供给不足，存在相对剥夺感，公平性和合理性有待进一步提升。"[19]学校体育资源配置受总体教育投入不均衡的影响，中东西部、城市与农村、不同教育层次间（职业教育、特殊教育、民办教育）、重点学校与非重点学校，在学校体育场地设施建设、师资配置、经费投入等方面资源配置失衡。东部经济发达地区学校体育投入相对较多；而西部老、少、边穷地区大部分学校经费缺乏，学校体育教学条件简陋，场地、器材严重不足，办学条件存在严重不平衡。[20]我国在用占教师总数4.5%的体育教师支撑着义务教育阶段占课程总量10%~11%的体育课的教学工作任务，全国义务教育阶段学校尚缺体育教师32.17万人。[21]农村一个学校平均有0.8个体育教师，就学校体育场地器材而言，达标率小学占比不到50%，中学不到30%，学校体育工作开展面临严峻的挑战[22]，学校体育资源配置失衡问题是最显性的公平缺失表现之一。如何均衡调配教育资源，处理好效率与公平问题是优化体育资源配置的关键[23]。

2. 运动弱势群体缺乏关照、被边缘化

教育公平的本意，最浅显的理解就是改善处于最不利地位人群的状态。"联合国教科文组织发布的《2010年全民教育全球监测报告：普及到边缘化群体》提出教育的'边缘化群体'的概念，指受教育年限最低、社会'最底层的20%'的群体。"[24]而学校体育场域边缘群体则指受经济、制度等条件限制在学校体育教育权利被侵犯和体育资源享有不均衡的边缘、贫穷地区教育人群；因体育兴趣弱、运动能力弱、身体残障、人为阻碍（评价不公、性别歧视等）等因素学校体育参与严重不足的群体，这部分群体可被统称为"运动弱势群体"。运动弱势群体人群范围较广且名称杂：残疾生、运动差生、农民工子女等，这些群体在学校体育场域实际的生活场景和行为表现就是学校体育公平缺失的表征。

现实中弱势群体在学校体育场域生存境遇不容乐观，其健身需求长期被忽视或疏于关照。学校对残障学生或运动不足弱势群体虽开设保健课予以补偿，但实施情形与教学效果并不理想，尤其是特殊教育学生的体育需求远未得到足够重视。刘海平[25]调查了7个省市175所高校体育保健课，发现一部分学校对运动弱势群体学生无专门分班和分组教学，未组织专门的体育竞赛活动，而开展体育保健课的学校则存在教学内容与组织方法单一，课程内容单调，教学评价缺乏规范，教师数量不足、专业程度差等问题。由于教师自身对运动弱势群体体育权益公平意识缺失，特殊教育知能不足，大班额授课对少数群体关照不足，重新制定教学方案耗时费力，缺乏对运动弱势群体体育教学效果的监管，对隐形运动弱势群体生成关注不足，体育教师待遇与科研水平低造成教学创新动力不足等诸多因素阻碍，学校体育中弱势群体客观存在及被忽视的不公平现象一目了然。

运动弱势群体的形成一部分是身心残障、运动能力不足等显性因素所致，而更为隐蔽和影响深远的是潜在因素所形成的"伪弱势"群，如课程设置不合理，教师教学期望不均，忽视运动能力弱势群体，教学评价打击运动参与积极性，教学不能因材施教，"吃不饱""咽不下"分级严重，教学方式缺乏创新等致使产生大量运动无趣的参与边缘化的"伪弱势"群体。"伪弱势"群体时有积极参与时有消极倦怠的模糊存在、不易察觉且同伴消极效应影响巨大。运动弱势群体生成主动自愿和被动强迫的诱因分类是既"鲜明"又"模糊"的。"鲜明"是干预策略选用上主动在"我"、被动在"他"纠错路径的清晰，"模糊"的是具有雷同的运动行为参与表现及其病因的诊断不清和诱因的相互转换（被动变主动）。运动弱势群体的形成涉及学生、教师、家长、学校、家庭、社会等不同主体、不同场域的多种因素，如教师期望的负向效应、运动弱势群体行为越轨、家庭体育缺失造成学生与运动参与的"绝缘"等使得运动弱势群体形成层现迭出、致因千变万化、干预蔓草难除。总之，运动弱势群体的存在违背教育公平，对体育教学质量的提升、课堂公平和学生的全面发展产生众多负面影响。积极对弱势群体教育补偿和转换是学校体育公平的重要工作指向。

3. 社会性别建构下女性学校体育参与受到"男性霸权"压制，两性不平等

性别平等也是构成和评价学校教育公平的重要尺度，是衡量学校教育人本发展的自然维度。传统性别观和性别角色期待，"男强女弱"运动观导致男性成为学校体育空间和资源占用的"霸主"，女性成为"附庸"和"旁观者"。男女性别自然生理差异延伸到运动领域形成社会性别差异,体育教材、课堂教学、课外活动与体育竞赛参与、体育组织与管理中无不充斥着"男主女次"的性别意识。微观教学过程中体育资源使用、课堂空间分配、活动练习顺序、动作示范、课堂管理领导角色扮演、互动行为、教学评价、教师性别观念和运动期待中的"性别偏差",也时刻揭示与呈现着学校体育中的两性不平等。体育是最有助于性别秩序的再生产和显示特定男性气概的领域之一。[26]

学校体育的社会性别现实,一是反映在运动项目的性别隔离,学校体育活动常常围绕"竞争""对抗"等概念展开。像篮球、足球等对抗性项目就成为男性的主战场,而无身体接触,利于培养自身气质柔美的操类和舞蹈类成为女性专属。性别刻板印象的限制和规劝让女性自愿从属社会性别建构的女性化项目。二是反映在体育教材中性别偏差,如葡萄牙的 Botelho & Caetano[27]、美国的 Hildreth[28]、加拿大 Kirk 等人[29]、阿根廷的 Scharagrodsky[30]、英国的 Sparkes[31]、郑琳等对不同国家体育教科书的研究,都揭示了女性与男性比例的不对称。体育与健康教材插图以男性为多数的特征,显示运动世界男性占主导优势的刻板印象。三是反映在学校体育文化中性别屏蔽,校园体育文化隐含对女性的规诫与限制。四是反映在性别秩序的挣扎和自然化,受身体意识的影响,女生在课堂上感受身体被凝视、观看和评论的不适,从而主动或被动"退出",以"见习""身体不适"为由选择逃离。又或是女性在体育参与中通过身体形态、外观和姿势来重现和规范女性气质。女性以"身体受欢迎"为准则形塑曼妙、轻柔的身体,视运动为改善健康和体形的一种手段,自愿维护性别秩序的自然化。

4. 学校体育竞赛精英价值取向，群育功能丧失，"以少胜多"

学校体育竞赛是学校体育工作和校园体育文化的重要部分，学校体育竞赛体制和价值取向人文性的缺失，使得学校体育竞赛成为运动优异分子的专属场地，普通学生的竞赛欲望被压制。因学校体育"育人"目标的长效性和潜隐性，学校体育竞技倾向严重。学校重金牌彰显名誉，忽视学生的健身诉求；学校体育经费使用偏重竞技体育，群体活动组织少、经费少。少数人代表多数人，技术水平高的代表技术水平一般人的"代表性"的参赛文化剥夺了多数一般技术水平者的参赛权利。少数运动优异者成为学校体育竞赛参与主流群体和主要受益者，独享学校体育竞赛成果，多数普通学生沦为"观众""看客"。学校体育竞赛"以少胜多"异化现象大大降低学校体育教育效益和人们对学校体育的教育期待，成为学校体育公平缺失的"陷阱"。学校体育期待更多的"草根型"比赛的出现，期待竞赛参与公平性的回归。

5. 体育学科处于弱势地位，成为五育中短板，体育工作者社会认可度欠佳

体育学科选拔功能弱势、体育成绩未纳入教师优秀与否的衡量标准、体育成就对学生未来生活和成人评价未产生影响，这三种机制共同作用促使体育学科的边缘化地位[32]。体育课程时常的实然缺失，造成学生体育锻炼和参与权利的侵蚀，学生的体育话语权利在当代教育体制下受到实然限制。学校体育整体地位边缘化，对体育价值认识偏差将其置于附属地位，使其成为鸡肋课程。体育课与文化课相比主仆关系鲜明，体育课补偿文化课时间、服务于考试。2012年《国务院关于深入推进义务教育均衡发展的意见》指出，学校要认真落实新修订的义务教育课程标准，不得随意提高课程难度，不得挤占体育、音乐、美术、综合实践活动及班会、少先队活动的课时。2014年5月教育部发布《中小学校体育工作评估办法》规定，不能保证每天一小时校园体育活动时间；未按国家规定开齐开足体育课；学生体质健康水平连续三年下降；未按要求开展学生体质健康标准测试，并弄虚作假；则学校体育工作评定不合格。体质测试成绩达不到50分按结业处理。种种政策出台以保障体育学科合法性地位但实际执行效度为零，体育课被挤占现象依然存在，何劲鹏课题组对中部各省18个地级市中小学调研，发现没有执行教育部规定体育课时学校比例为63%[33]。学生体质健康测试数据造假屡禁不止，学校体育依然难入法眼。

体育学科边缘化地位还表现在体育教师配置不足和地位边缘化、受歧视的问题。我国体育教师的配置比例远低于语文、数学等主流学科教师配比[34]，全国义务教育阶段"体育教师以占教师总数不到5%的比例承担着接近总课时11%的教学任务"[35]。王登峰司长披露我国中小学体育教师缺编30万人，缺编注定体育课只能人数超额、压缩、挤占和被应付。当前教育实践对体育教育的忽视，在一定程度上导致青少年体质健康的下降、体育锻炼的不足及学校体育的边缘化。[36]

另外就是体育教师职称难评、待遇不公平和社会偏见问题。体育课程名存实亡、体育学科地位遭受排斥、体育工作者在学校管理话语权的"失语"等限制侵蚀着体育教师的种种权利。如体育教学、课外活动安排、学校体育竞赛组织、运动员成就未被合理纳入体育教师的劳动成果，体育教师未得到同等待遇及报酬；

体育教师工作量乘以系数［全国各省（区、市）体育课系数为0.2~0.9］；学生运动成绩不作为体育教师职称晋升考量指标等。体育教师课时系数"打折"与体育教师"风吹日晒、寒来暑往"工作环境相比不合情，与体育教学"以身体为手段和目的"特殊教学形式相对照不合理，这属于违反学校体育政策法规的一种违法、侵权行为。朱琳对20多个省（区、市）近百所大、中、小学校调研，发现80%以上的学校存在体育教师与其他学科教师同工不同酬、差别待遇和身份歧视的现象。体育教师的规定完成固定额度课时数超过其他学科，课时系数小于其他学科。高礼宏、李莉对体育教师体育服装费问题进行研究，发现全国按时享受服装费补贴的教师占教师总数的37.99%，有30.08%的教师从未享受过服装补助费。体育在学科体系中地位弱势，必然波及体育教师的学术话语权、职称评审及收入水平，从而影响其存在感与价值认同。本研究曾做过调查，体育教师对个体在学校或社会中的处境总体感到不公平的比例高达73.6%，不公平感受程度最深的是不被重视、职称评聘不畅和待遇不公。另外，体育师资成长前"高考分数单独划线""免试入学"等优惠政策都给社会大众塑造了"受照顾"低智和文化水平差的刻板印象。对体育教师的刻板印象根深蒂固。

6. 影子教育：借代际资本传递和转换重现社会不平等

在世界范围内影子教育对学生学校教育和学习态度有积极效果[37][38][39]，对社会发展也作出了重大贡献。"影子教育"的课外补习在中国发展迅速。我国校外教育在尝试解决家庭教育不足、学校教育缺失、社会教育不规范中，实现着自身的价值[40]。校外体育辅导亦如雨后春笋，成为家长支配子女校外生活和教育投资的重要市场。"校外体育担负着丰富学生校外生活、培养学生运动兴趣和项目技能、协调学生身心健康发展的重任。"[41]有研究证实青少年健康的提升，校外体育辅导的锻炼效果要明显优于学校体育和自主参与体育锻炼的效果，青少年校外体育辅导是提升青少年体质健康的重要路径[42]。"校外体育辅导对青少年社会化功能、社会情感功能和社会流动功能具有多方面积极作用。"[43]校外体育培训成为青少年身心健康，运动技能成长和社会规范、道德精神培育以及学校体育的重要补充。

但影子教育也带来了负面后果，其中包括社会不公平、课程扭曲、主流学校教师表现不理想、家庭经济负担等。它加剧了努力维持其子女竞争优势的家庭的焦虑和不安全感，对社会公正产生了影响。影子教育被认为是一种维持和增加社会不平等的机制，因为它创造了不平等的学习机会。研究发现，小学、初中、高中三个学段青少年校外参与体育辅导人数比例呈倒"U"形，性别比例上呈"男多女少"趋势[44]，并且与家庭环境密切关联，家长体育态度、家庭体育氛围、家庭类型、家长职业、家长文化程度、家庭收入状况、家庭居住环境等因素都是影响学生参加校外体育运动的主要因素[45]。隔代教养的家庭不利于孩子校外体育参与，家长学历越高的孩子校外体育参与程度越高，中等收入家庭的孩子校外体育参与情形越佳[46]。因为高收入家庭比低收入家庭更容易负担更高质量和更多数量的校外辅导。当然中等收入和低收入家庭发现他们也不得不投资于影子教育，以平衡教育不平等，但这消耗了贫困家庭的大量收入。影子教育对社会和经济不平等产生重大影响[47]。

Loyalka & Zakharov[48]讨论俄罗斯影子教育对高中生成绩的影响，结果发现影子教育只对高成就的学生产生正面影响。选择课外体育活动时，家庭不太富裕的会让子女倾向于参加低成本、规则简单的活动，而富裕家庭则倾向于选择需要专门器械、专业运动装备、专门运动场地、规则相对复杂的项目进行学习，以增加阅历和增强日后交际能力。低经济社会阶层家庭在子女课外体育活动投入上受到更多的物质约束（培训费、装备费、脱离有偿工作时间）。校外体育辅导使参与的青少年在身心健康、运动技能成长、优良思想品质和精神培养方面有所收获，这部分收获转化到学校教育中，就是体育成绩的提升、教师的另眼相看、成长的自信和较高的社会竞争力。而这种循环的结果就是阶层差异和社会不公平。可以证明，家庭资本的传递与转换对子女教育获得的影响，通过校外教育发挥着重要作用。

7. 体育中高考制度引起入学机会不平等问题

体育中高考招生考试中公平问题主要指涉体育中考、高考体育加分制度和高水平运动员免试入学等问题。1986年，国家教委与国家体委联合出台了《关于开展课余体育锻炼，提高学校体育运动技术水平的规划》，明确规定学校课余训练的根本目的在于"提高民族素质，多出人才，出好人才"。从20世纪80年代中期开始，一大批"体育传统项目学校"和"培养高水平运动员试点学校"挂牌建设，一些为片面地提高高水平运动员的学历层次而量身定做的"特殊教育"，急功近利的"挂靠"形式开始出现，学校体育在实践中出现了向竞技运动盲目倾斜的趋势，合法秩序被打破，教学实践与学校体育目标理论相背离，竞技目标与教育目标出现失衡。尤其备受争议的是高考体育加分政策和优秀运动员免试入学制度。优秀运动员免试入学，在社会上营造了一种"赢家通吃、特权当道"的氛围，更容易滋生高校腐败，给教育公平和社会公平带来巨大的挑战[49]。关于高考体育加分政策的公平问题一直争论不休，有人认为这一政策违背高考公平公正的竞争原则，且容易导致徇私舞弊的社会腐败行为，但不考虑特殊才能人群的教育机会，一律取消，又造成对体育特长生的不公平。高水平运动员单招和高考加分是否造成"逆向歧视"①，即以牺牲强势群体的成员利益为代价给予弱势群体成员相对优惠的待遇。高水平运动员特招形成逆向歧视。"高等体育教育是培养中高级体育人才的地方，不是用以解决运动员出路的地方"[50]，它一定程度上侵犯普通群体接受教育的权利与机会。此外，普通高校体育教育专业招生考试不公平现象也时有发生，如只考身体素质不考专项，人工评分，替考、贿考、假考等不公平现象。

体育中考已经成为中学体育教育评价的一项重要制度。中考体育虽有助于体育教学观念的转变、增强对学生身体健康的重视程度、改善体育课的"副课"地位、提升学生身体素质、强化学校体育成效，但中考体育考核项目不能照顾全体学生的需要，考核过程难以杜绝人为因素使得中考体育公平原则丧失[51]。考试模式、考试内容、考试过程、考试结果中都存在不同程度的公平问题[52]，如项目设置少、分值权重不合理、男女生成绩评分差距较大，考试

---

① "逆向歧视"，又称反向歧视，是指社会上的弱势群体成员得到相对优惠待遇，而以牺牲强势群体的成员利益为代价。逆向歧视通常被用于批评积极的"平权措施"，如高等教育中加分、特殊照顾、配额等方面所造成的新不公平对待。

过程要素变量多、缺乏过程评价，监督机制存在漏洞。同时，一些先天运动弱势学生难以取得高分和家庭条件好的学生借助校外培训取得好成绩，从而造成教育不公平性。另外，按照体育权和教育权的规定性，体质弱势学生的体育考试安排应体现人文关怀，兼顾公平[53]，加强客观条件公平、公正性和人为主观的可信度[54]，积极构建残疾学生体育中考模式，促进"残健融合"，使残疾学生实际享有教育公平权[55]。考核和评价的关键要素是公平，人们对体育中考、高考制度的公平诉求是学校体育公平的重要内容。

综上而言，我国学校体育公平问题，一个是宏观层面的外部公平，即区域间、城乡间和校际学校体育教育失衡问题。主要表现在经费投入、师资水平和教育质量的非均衡发展及不同群体（强势与弱势群体）体育资源享有差异。另一个就是微观层面体育教育内部公平问题，如学校体育课程体系、教师教学活动与教育评价等。随着教育教学条件的改善和国家紧锣密鼓出台强调和推动开齐开足体育课、保障日常体育活动时间、配齐师资等起点公平学校体育政策的执行和落实，新时代学校体育公平的主题是解决数量公平下，追求更高水平、更高层次的"发展有质量和适切体育教育"的公平发展诉求。从起点公平的兜底逐步过渡到过程公平和结果公平同轨并行的渐进式路径。

（二）公平缺失的危害

学校体育公平的损害有碍学生身心健康成长和和谐社会的构建，体育资源失衡，弱者得不到同情与补偿，不利于全体受教者身心健康的发展与塑造，学生体质健康状况难以保障。部分群体的体育教育权利被剥夺,在学校体育中未获得未来生活所匹配的身体、知识、精神、心理等健康需求,影响后续成才、成长、工作与生活,间接就是对健康、生存和发展权利的剥夺。体育本身培育公平、正义道德,而长期受到学校体育不公平对待,渐而丧失社会公正的信心,对他人、社会及国家的责任表现、奉献精神和认同感就会出现偏差,逐渐演变成获取成功或利益而恶性竞争"弱肉强食"的紊乱社会。继而影响全民素质的提高,影响到增强国家综合实力所需的人力资源基础与保证及和谐社会的构建,最终导致综合国力的下降。

(三) 资源的浪费

有限的资源合理分配与最大化利用才能平衡公平与效率间的关系,学校体育公平缺失的重要表现就是基本资源需求未得以满足与富余资源的低效益使用间的矛盾,从关注资源分配问题将蛋糕做大解决学校体育资源均衡问题,政府担负首要职责。而解决学校体育内部种种不公平文明,学校体育真正所需的尊重、融合、全纳、差异、宽容等,唯有通过学校体育内部变革,给予教师与学生增权赋能、全纳与融合爱的教育爱的赋予,才能真正实现公平,而这一职责则在于学校、管理者、教师和学生等学校体育内部教育主体。

四 学校体育发展公平缺失的原因

(一) 社会经济发展的差距

地方经济社会发展水平影响学校的办学条件与环境,经济发展差距导致教育资源配置不均衡，是造成地区（城乡）间、校际的学生体育资源享有不公平的主要原因。北上广等发达城市科技化健身活动设施与偏远的边穷乡村学校"没有一件像样的体育设施"形成鲜明对比。经济差距使得体育教师择业上集中在待遇较好的繁华都市学校，而待遇相对较差地域教师岗位则无人问津。"宁在城市无编代课，也不选择偏远农村有编就业"的现象普遍存在。而这种学校教学质量、社会声誉与资源占有的马太效应现象明显。

教育资源占有程度与教育质量存在线性关系，而学校体育过程中资源配置不均衡与受教者学校体育教育效果是否存在线性关系？笔者认为学校体育过程资源失衡并不能直接导致受教者学校体育效果的对等关系。这里面一个重要的前提是什么能反映学校体育效果？学校体育效果可分为即得性效果和长效性效果。即得性效果是学校体育过程本身的结果，是一种内在的学校体育活动过程中产生的结果。长效性效果是指学校体育成效对个体的生活和事业所产生的作用，是一种外在的教育结果。无论哪种结果都受制于起点公平和过程公平的实现。学校体育教育权利和机会得不到同等对待与保障，学校体育资源分配失衡，教育机会不均等，在学校体育教育结果上就得不到同等的与潜能相匹配的适性发展。学生体质、运动知识、运动参与、运动技能、身体素质、心理素质和社会适应等可被视为即得性效果。体育学习与锻炼最终指向人的健康、罹患病率、寿命等长效性效果。长效性效果受到后期的饮食营养、生活习惯、传染源等外在因素干扰较大，不易测量。从即得性效果而言，体质健康虽受遗传、营养、运动锻炼、生活习惯等多重综合因素影响，但就身体活动对体质健康的贡献关系来看，资源相对匮乏的学校学生身体活动量未必少于体育设施充沛的城市学童。从我国学生体质健康监测城乡数据比对中即已说明问题（如江苏省2014年调研数据，乡村学生身体机能、身体素质各项指标平均成绩好于城市学生[56]）。在运动知识获得上，在知识经济时代和现代移动传媒影响下，就运动知识获得渠道与机会，有资源优势者占有绝对优势；运动参与上，经济发达城市学生借助体育资源的优势，运动参与空间和条件表现优越，但因家长的过度溺爱、便捷现代生活方式和高密集的课外辅导对运动时间的占有与身体活动的束缚，学生运动时间未必如意；运动技能掌握上，因师资水平、器械场地设施场地条件、体育信息获取等巨大差异，在不需要器械或需要简要器械、运动技能相对简单的跑跳类运动技术的掌握上，资源失衡未必起主导作用；而对技术要求复杂、场地设施要求较高的运动项目掌握上则会显现绝对差异。对于身体健康、心理健康和社会适应这三个指标，资源的多寡决定其水平好坏，但并不能直接画等号。学校体育结果公平不是要求不同禀赋、背景的学生体育学习效果完全平等，而是在承认个体差异基础上，个体受到平等对待后，在个体潜能基础上获得适性发展。学校体育结果公平是将教育无法控制的那部分变量排除了之后，只考虑教育系统自身的变量对学习成绩所造成的影响是平等的[57]。如一个具有运动天赋学生从运动水平层级3，通过学校体育教育，运动水平层级升为5和一个运动初学者从运动水平0提升为运动水平2，二者教育结果不能等同。但从价值判断，个体均获得相应的教育成就，教育结果公平合理。

虽然学校体育资源匮乏未必直接导致学校体育教育效果的低水平，但社会经济发展水平差距造成教育不均衡导致学校体育公平程度降低的社会现实不容否定。要办好人民满意的教育，关键就是要消除经济社会发展滞后的客观因素的不利影响[58]。政府作为教育和社会公平推动的第一负责人，要运用相关政策补偿、弱势倾斜、利用外来力量介入等，将均衡—优质均衡—高度公平的教育发展路程走下去、走彻底，为每个学生的体育成就提供同等质量的外部支持，减少地方经济发展水平对学校体育内部公平的客观影响。

（二）国家政策的导向与制度设计偏重

政策是实践行动的指挥棒。同时，政策又是一把"双刃剑"，一方面，对不公问题进行政策修正、调节，实现公平；另一方面，政策不完善、制度不健全又可能造成不公平。我国体育长期历史发展过程中竞技优先政策、"城市中心"政策、区域非均衡政策、政策执行偏差等因素是导致体育公平缺失的主要原因[59]。第一，经济效率优先的区域发展政策，让东部沿海地区作为改革开放前沿，因其政策灵活、人才济济，体育发展较好；第二，城乡二元结构和城市中心的价值取向，我国城乡体育分野，农村在体育资源数量和质量占有上成为体育文化贫困地；第三，重点与非重点、公立与民办、传统与非传统体育学校分类发展模式，造成校际体育资源格局失衡。体育政策公平机制的建构需要在理念上变革，政府制定政策时公平观念的重塑，需要健全体育法律体系，严格体育执法制度，制定系统体育法规的法治建设为体育政策公平提供保障；还需要通过建立体育资源配置平衡机制、弱势群体体育补偿机制和体育政策公平评价机制、责任追究机制等制度创新[60]。

(三) 学校体育公平观念的缺失

学校体育公平问题的解决不只是解决学校体育资源均衡，更应是解决学校体育内部不平等、不民主及等级化、边缘化、排斥等问题。我国在过度关注宏观的学校体育资源差异的同时，忽略了学校系统内部体育教育过程中的公平问题，没有过程公平的推动，起点公平的价值就得不到体现，而过程中不公平对待更容易造成学习效果的差异和对学校体育公平缺失体验的反感。教师教学关注的偏差（更多关注运动成绩好、性格容貌、合乎眼缘的学生），性别歧视（重男轻女），弱势群体的忽视，教学评价单一化，资源分配不合理，重竞赛轻群育，体育与智育、德育的非等价关系等造成受教者、施教者、管理者对学校体育公平的缺失意识丧失，无论是自上而下，还是自下而上的改革动力均不足。学术研究热度足以说明问题，学校体育公平性不足未能如教育公平般引起重视和达成共识。

教师公平观的缺失是造成教学不公的主导者。如教师期望效应的失衡导致教学行为公平的偏差，"喜优厌劣"的认知期望偏见使教师在师生互动中对分数高低两极化学生给予激励、肯定与专制、控制性沟通话语，牺牲多数普通学生换取少数优等生的效益是课堂教学最为典型的不公平。若管理者缺乏公平意识，就不能提供充足的学校体育课程资源数量，形成分配公平机制，为每个学生提供平等且适合其能力的发展机会。政府若缺少公平观，就难以保障学校体育事业开展的专项经费，在公共教育经费分拨分设体育经费，也不会优先向农村、西部偏远地区、薄弱学校、弱势群体倾斜。

公平观念的缺失还表现在学校体育政策设计上，政策内容中公平内涵和支持性语言不足，使学校体育公平实践成为无本之木、无源之水。

五　学校体育公平发展的实现路径

（一）统一思想认识：学校体育公平观念建立、价值重拾和路径识别

价值取向：对学校体育公平的内涵、过程、发展阶段及矛盾等问题的回答和施以正确理解是行动的前提和基础。而对这些问题的回答最终归结到学校体育公平的终极价值取向上。学校体育公平作为学校体育发展的一种政策安排或者发展途径，但不是学校体育发展的根本目的。公平、质量、效率间的权衡与互生才是学校体育发展的正确关系。徐辉在《"十三五"期间推进教育公平的几个关键性问题》[61]一文提出一个相对简便的公正（Fairness）、全纳（Inclusion）、结果（Result）、效率（Efficiency）四维度的 FIRE 烈火模式。用此模式即能准确概括出学校体育公平的价值取向。公正是指教育机会均等，即起点公平。全纳是指教育的全面性和整体性原则，尤指对弱势群体的融入。结果是教育结果的相对公平，起点与过程公平最终指向还是教育结果的公平，均达到基本教育成就要求，且根据个人潜能获得平等的成功的机会，得以适性发展。效率，公平并非教育唯一的价值追求，忽视效率（教育质量和效益）的公平是低层次的公平并非教育公平原则本身之意。这四个维度的综合体就是学校体育公平价值取向，四个维度相互连接、相互影

响，任何一个维度对结果都产生独立影响。

　　观念转变：①尤其是处理好学校体育公平发展中的效率与公平的"矛盾"，理解效率与公平并非对立、主次关系，是互为基础、相互促进与制约的同等重要的教育追求和理想。目前，我国学校体育教育资源浪费与教育资源缺乏交织存在，在"质"与"量"上力求平衡，把握体育资源配置的基础性设施条件"兜底"之上，给予发展空间，使其"得所当得"。公平与质量协调发展、相互促进、不可偏废，在政策选择上，公平是第一层次，质量是第二层次。②我国幅员辽阔加上历史遗留的城乡二元体制、优先发展区的政策制度设计，资源配置差距和失衡问题在所难免。在全民社会、全民共享的中国特色社会主义制度下，学校体育教育发展不均衡问题随着共同富裕、城乡一体化、教育共同体建设和公共服务普及普惠等实施会得到逐步改善。要有渐进、持续、健康、公平的学校体育发展观。③建立"五育并举"的教育观念，新时代国家对美育、体育、劳育日趋重视，美育、体育、劳育与德育、智育并驾齐驱。要扭转对"体育"的刻板印象，体育不是边缘学科。维护体育中、高考制度的公平性也是提升体育地位和社会形象。④要有全人类的教育价值理念，体育的性别化是社会建构的结果。人为在课程实施、媒介传导、校园文化创设受刻板印象对女性规劝和限制，是对其基本人权的践踏。另外，一个充分和有价值的社会成员有参与体育教育的实践权利，运动弱势群体学生在体育课也不应该被排斥、孤立。必须承认体育是一个社会公正问题，即不论年龄、种族、性别、性取向、能力、收入、教育水平还是地理位置等，所有人都能参加体育运动。

路径识别：正确认识我国学校体育公平的发展阶段。目前，我国学校体育正处于实现机会公平阶段，教育公平程度处于从标准化、均衡化到多样化演变阶段的最开端标准化期。标准化阶段的工作重点是对学校体育政策法规的强制执行和学生体育教育权利、机会、资源分配上平等，即义务教育阶段学校体育均衡发展先行。缘由如下。其一，义务教育是强制教育，是国家要求每一个公民都必须接受的教育，不是自由的选择也不是享有的权利，而是要履行的义务。义务教育不仅关系到个体一生的成长与发展，也是提高全民素质的战略基础，是国际人力资源竞争的核心，属于公共基本服务必须优先保障的范围。义务教育阶段覆盖受教群体最为广泛，在国家积极推进义务教育均衡发展的现实背景下继而倡导教育过程公平有秉持国策承接、递进之意。其二，义务教育阶段青少年学生处于身体生长发育和情感、品德培育的关键期，相对享有平等的体育知能普及、习惯养成和精神塑造而言意义更深。其三，区域间、城乡间、校际义务教育阶段学校体育开展差距较大，追求学校体育公平，缩小义务教育体育资源配置差距，推动教育均衡发展是先行条件。学校体育公平发展阶段是起点公平的先行保障，过程公平与结果公平应同步进行。

（二）扎紧制度篱笆：学校体育公平强制性制度的建立和保障机制的完善

现行之有效体育政策的公平意涵多为资源配置、体育权利与机会平等硬件、基础性起点公平的决定，及少量的"体质测试达标率、技能水平成长"等结果公平性规定，缺少对学校体育过程、主体责任、监管惩罚等公平性的说明。政策作为学校体育公平发展的强制性制度要求，被视为保障公平的"法典"。从政策上保障学校体育公平，一是对已有政策的执行与落实。再好的政策现实中得不到有效执行那也是空中楼阁。要积极落实监管工作，让政策与政策之间、冲突与现实之间的差距、矛盾得到有效察觉，不至于政策执行半途而废。鼓励纳入第三方监督机构，杜绝政策制定与监督"教练裁判一人担"的行政弊端，形成严格的约束机制和惩罚措施。在教育体制、学校体育制度、政策与经费安排等方面视"公平"为重要原则，对权力寻租和不理解导致政策得不到有效落实与执行偏差、政策与政策之间条文冲突、政策与现实不符（目标过于远大或条文规约守旧，未能及时修改完善，不符合当下发展趋势）等及时进行惩、戒、废。二是对违背公平和缺失公平条款进行添、改、修。如对《体育法》《学校体育工作条例》等政策法规中公平条例不明、责任缺失等条文内容进行修改与完善，将公平作为未来学校体育政策制定的一切准则。以公平为核心价值体系，构思并推动专门"学校体育法""性别平等教育法"等新法立法。从制度层面扎紧学校体育公平的篱笆。

（三）强化行动落实：教育者社会公正实践和批判性反思

要有清醒的头脑和长远的规划，初步的资源配置标准化离公平目标实现尚有长远路途。教育公平与否，绝非仅仅取决于区域间、城乡间、校际实体性、可比较的教育资源的多寡和优质与否，资源总量和公平合理分配是必要的、重要的，但不是根本性的、决定性的。具体的教育行动中努力实现公平价值理想，教育者起决定性、根本性作用。针对学校体育公平缺失问题可利用一些技术性的策略措施。如建立多元开放式体育教育体系，通过网络科技资源建立不受时空限制的开放式体育教育体系，使慕课、微课等远程教育成为体育教育的重要补充。打通中小学、高校，学校、社区、企业、健身俱乐部等不同学段、不同场所体育资源共享平台，填平学校体育资源鸿沟，真正实现"共享体育"社会。开展补救式体育资助，对农村、女性和特殊残障等弱势群体的受教育者在资源占有、观念偏见、知能获得上不公平对待给予合理的补偿。借助对口体育援助"借力打力"，在政府主导下集合体育发展高位的区域资源优势，广泛调动社会力量参与，解决与改善边、远、穷、少等体育发展贫困区域的困境。

学校体育公平的本质是增加所有学生的学习机会，学生的背景特征是无法改变的，对多数学校来说，短时间内改变学校特征和学校环境也很难，所以，创造这种变化的一个前提是解构与反思当下课程与教学实践。清晰诊断教学过程中的不平等问题，推动教师的社会公正教学实践。①建立关系，为所有不同能力和体育兴趣的学生提供包容性活动，落实"关注个体""看到每个学生""互相尊重""同理心""共情"教育理念，建立积极关系。②社会责任和凝聚力培养，通过表现个人与社会责任，异质团队和合作游戏等公平竞争渗透，创建一个具有社会凝聚力的体育课堂（尊重差异、接受异同）。③明确教育行动，明确讲授与体育活动、运动和身体有关的社会不平等问题，唤醒学生的公平感知和不平等对待的敏感性，成为变革推动者。④教师对自我教学实践的批判性反思。创造一个具有社会包容性的体育和学校体育世界的目标不能仅仅是在特定时间对某个特定问题的回应。如果不平等持续存在，社会公正的议题永不消亡，"全民体育"的实现永远在路上。

（四）建立评估体系：学校体育发展的公平性评估

学校体育发展公平缺失系列问题的改观与纠正依赖于科学、客观的教育发展评估。构建以公平为核心的学校体育发展评估体系需要集合《中小学体育器材和场地国家标准》《中小学校体育工作督导评估办法》《中小学健康促进行动》《国家学生体质健康标准》《义务教育体育与健康课程标准（2022）》《国家义务教育质量监测方案》等多个评价办法，从中择取关于起点公平、过程公平和结果公平三个维度的指标要点构建独立的"学校体育发展公平评价指标体系"。评估体系既要符合发展现实、迎合时代诉求，还要有前瞻性，推动学校体育高阶位公平、高质量发展。

六　结论

学校体育发展的公平程度关乎全体青少年的健康成长和民族生命力，是新时代学校体育工作的主要方向。从公平性评估视角及时发掘和处理学校体育公平缺失问题，推动学校体育公平化程度是学校体育发展伦理规范回归、合乎道德发展基础和脱离当下学校体育发展困境的必经之路。学校体育发展公平性评估需要认识起点公平、过程公平、结果公平三个维度及其内涵，厘清学校体育发展中公平缺失的问题、原因及其危害。学校体育公平发展的实现路径需要统一认识、维护制度、落实行动和建立评估体系。

参考文献：

[1] 薛二勇，刘淼．我国教育公平发展的新成就、挑战与趋势［J］．清华大学教育研究，2018，39（3）：14-18．

[2] 闵维方．推进教育现代化 释放教育生机与活力［J］．教育与教学研究，2020，34（01）：1-2．

[3] 张战毅，单一飞．由体育政策走向体育公平：我国体育公平机制研究［J］．武汉体育学院学报，2011（10）：19．

[4] 辛松和，周进国．我国群众体育的公平问题研究［J］．南京体育学院学报（社会科学版），2014（3）：40-44．

[5] 周美芳，张军献，黄玲，张志超．残疾人体育与社会公平［J］．武汉体育学院学报，2008（8）：22-25．

[6] 王彦收．体育公共服务公平正义性研究［J］．体育文化导刊，2015（1）：1．

[7] 陈华，邹亮畴，王进，周结友．全民健身公平基本理论研究［J］．沈阳体育学院学报，2013（1）：46-49．

[8] 刘若，杨辉．体育公平的社会学分析［J］．成都体育学院学报，2011，37（6）：6．

[9] 王登峰．学校体育的困局与破局——在天津市学校体育工作会议上的报告［J］．天津体育学院学报，2013，28（1）：1．

[10] 汪全先，王健．我国学校体育中的当代伦理问题及其消解路向［J］．体育科学，2018，38（1）：81．

[11] 林玲．有质量与适切的教育：新时代高等教育公平的意义建构及实施策略［J］．浙江社会科学，2018（5）：103．

[12] 姜宇航．北京市义务教育阶段体育教育起点公平性影响因素现状分析［J］．赤峰学院学报（自然科学版），2010，26（10）：120．

[13] 张朋．改革开放以来我国学校体育政策法规教育公平维度审查［J］．四川体育科学，2022，41（05）：118-126．

[14] 华桦．再论教育机会均等——与刘明海等商榷［J］．上海教育科研，2006（9）：15-18．

[15] 杨小微．教育公平的指标探析［J］．基础教育，2015，12（3）：20．

[16] 邵亚萍．义务教育"零择校"与教育公平［J］．浙江社会科学，2015（9）：87．

[17] 于素梅．对体育教学质量内涵及影响因素相关问题的研究——从强化体

育课谈起［J］. 体育学刊, 2014, 21 (2): 81-86.
[18] 李忠堂, 阎智力, 张磊.《国家学生体质健康标准》测评的公平性与有效性——基于美国"高利害测验项目"的启示［J］. 体育学刊, 2015, 22 (4): 93.
[19] 付春明, 陶永纯."患不均, 更患不公": 体育资源供给的"公平"与"冲突"［J］. 体育与科学, 2017, 38 (4): 49.
[20] 徐桂兰, 夏成前, 蒋荣. 学校体育现代化进程中的均衡发展问题研究［J］. 南京体育学院学报 (社会科学版), 2006, 20 (1): 77-79.
[21] 潘绍伟. 体育教育专业与中小学体育脱节问题之我见［J］. 中国学校体育, 2012 (4): 20-21.
[22] 孙科. 学校体育, 路在何方?——专访教育部体卫艺司司长王登峰［J］. 天津体育学院学报, 2013 (2): 1-4, 8.
[23] 沈克印, 王凤仙. 我国体育资源配置中效率与公平观的伦理分析［J］. 成都体育学院学报, 2012 (5): 31-35.
[24] 杨东平. 破解"上学难、上学远、上学贵"的难题［J］. 探索与争鸣, 2015 (5): 5.
[25] 刘海平, 滕青. 我国普通高等院校体育保健课教学现状及思考［J］. 首都体育学院学报, 2008 (4): 99-101.
[26] Connell, R. Teaching the Boys: New Research on Masculinity, and Gender Strategies for Schools［J］. Teachers College Record, 1996, 98 (2): 206-35.
[27] Botelho, P. & Caetano, S. Physical Education School Books: How Gender is Represented in 7th, 8th and 9th grade［C］. Paper presented at the 11th annual congress of european college of sport science, Lausanne, Switzerland, 2006.
[28] Hildreth, K. Sexism in Elelmentary Physical Education Literature: A Content Analysis［D］. NC: University of North Carolina, 1979.
[29] Kirk, L. Land, S. Patterson, P. & Thomas, J. Confronting the stereotypes: Grades 5-8［M］. Manitoba Education, 1985.
[30] Scharagrodsky, P. Manolakis, L. & Barroso, R. The Argentinean Physical Education in the School's Manuals and Texts of the Primary Level (1880-1930)［J］. Revista Brasileira de Historia da Educacao, 2003, 5: 69-91.
[31] Sparkes, A C. Telling Tales in Sport and Physical Activity: A Qualitiative Journey［M］. Exeter: Human Kinetics, 2002.
[32] 唐炎, 周登嵩. 体育教学社会环境的构成及其影响——关于体育教学的

社会学分析[J]. 北京体育大学学报, 2009, 32（8）: 71-75.
[33] 何劲鹏, 杨伟群. 我国学校体育政策执行"不良心态"本质透析与制度性化解[J]. 北京体育大学学报, 2018（2）: 88-93+114.
[34] 潘建芬, 毛振明. 全国中小学体育教师数量结构发展概况分析[J]. 体育科技文献通报, 2013, 21（7）: 122-128.
[35] 吴健. 体育教育必须担起时代责任[J]. 中国学校体育, 2014（1）: 13.
[36] 王军利. 身体规训与生成: 青少年体育锻炼不足的学校体育实践反思[J]. 中国青年研究, 2018（1）: 115.
[37] Dang, H. The Determinants and Impact of Private Tutoring Classes in Vietnam[J]. Economics of Education Review, 2007, 26: 684-699.
[38] Schacter, J. Does Individual Tutoring Produce Optimal Learning? [J]. American Educational Research Journal, 2000, 37（3）: 801-829.
[39] Stevenson, D L. & Baker, D. Shadow Education and Allocation in Formal Schooling: Transition to University in Japan[J]. American Journal of Sociology, 2001, 97（6）: 1639-1657.
[40] 刘治国, 石晶. 高台探索青少年学生校外教育服务青少年健康成长的路径[EB/OL]. 甘肃省体育局, http://www.gansusport.gov.cn/shixiandongtai/20150811/164815505.htm, 2015-8-11.
[41] 刘静, 李相如. 日美英德等国争相发展青少年体育——亟须加快建立校外体育辅导员制[N]. 中国体育报, 2016-01-22（007）.
[42] 任杰, 平杰, 舒盛芳, 等. 青少年体育健康教育模式的构建与干预策略——基于上海地区中、小学生的调查[J]. 体育科学, 2012, 32（9）: 31-36.
[43] 肖坤鹏. 青少年校外体育辅导现象解读[J]. 体育文化导刊, 2016（8）: 156.
[44] 肖慧. 北京市城市中学生社区体育活动现状的调查研究[D]. 北京: 北京体育大学, 2005.
[45] 周融. 北京市城区中小学生家庭环境对学生校外体育活动参与影响的研究[D]. 北京: 首都体育学院, 2012.
[46] 赵咏梅. 家庭环境对昆明市青少年参加校外体育活动的影响分析——以昆明市四区中小学为例[J]. 运动, 2015（17）: 48-49.
[47] Buchmann, C, Condron, D J, Roscigno, V J. Shadow Education, American Style: Test Preparation, the SAT and College enrollment[J]. Soc. Forces 89, 2010（2）: 435-461.
[48] P. Loyalka & A. Zakharov. Does Shadow Education help Students Prepare for

College? Evidence from Russia [J]. International Journal of Educational Development, 2016, 49: 22-30.

[49] 戴志鹏. 对我国优秀运动员"免试入学"政策的审视 [J]. 浙江体育科学, 2014, 36 (1): 22-26.

[50] 卢元镇. 也谈招收体育生的问题 [J]. 中国学校体育, 1996 (1): 67.

[51] 黄礢. 中考体育存在的问题与对策分析 [J]. 体育文化导刊, 2010 (8): 87-90.

[52] 徐烨, 朱琳. 体育中考的公平诉求及因应之策 [J]. 武汉体育学院学报, 2013, 47 (11): 30-35.

[53] 刘成, 胡慧文. 当前我国中招体育考试若干问题研究 [J]. 广州体育学院学报, 2015 (1): 118-121.

[54] 陈德钦. 全国 2012 年中考体育加试实施状况与对策研究 [J]. 菏泽学院学报, 2013 (2): 132-138.

[55] 刘礼国, 徐烨, 朱琳. 教育公平理念下残疾学生体育中考模式的构建 [J]. 教育评论, 2015 (5): 101-104.

[56] 洪流. 2014 年江苏省学生体质健康监测结果新闻发布稿 [EB/OL]. 江苏体卫艺网, http://www.ec.js.edu.cn/art/2015/5/8/art_12982_171957.html, 2018-7-15.

[57] 辛涛等. 教育公平的终极目标: 教育结果公平 [J]. 教育研究, 2009, (8): 24-28.

[58] 范先佐. 怎样才能办好人民满意的教育 [J]. 教育与教学研究, 2021, 35 (1): 1-2.

[59] 刘霞. 我国体育公平缺失的政策解析 [J]. 体育与科学, 2014 (2): 102-106.

[60] 张战毅, 单一飞. 由体育政策走向体育公平: 我国体育公平机制研究 [J]. 武汉体育学院学报, 2011 (10): 19-23.

[61] 徐辉. "十三五"期间推进教育公平的几个关键性问题 [J]. 教育发展研究, 2015 (7): 1-5.

Evaluation of School Physical Education Development: A Fair Perspective

Zhang Peng

Abstract: In the new era, the proportion and decisive role of physical education in education are increasingly expanding. The fairness of school sports development has become a key issue in the implementation of educational concepts such as "everyone sharing", "comprehensive development", and "all benefiting". Managing education to the satisfaction of the people is the fundamental purpose of China's educational governance. To reasonably evaluate the development of school sports from the perspective of fairness, it is necessary to understand the three dimensions and connotations of starting point fairness, process fairness, and result fairness of school sports, and recognize the imbalance in the allocation of sports resources in the development of school sports, the neglect of vulnerable groups in sports, gender inequality, the deviation of school sports competition system from the goal of "mass education", and the lack of fairness in sports, such as vulnerability and discrimination. "It brings with it a dilemma of resource shortage and waste, where the weak cannot receive sympathy and compensation, students are deprived of their physical and mental health, survival and development rights, and there are adverse consequences such as health inequality and social injustice.". The factors that cause the lack of fairness in school sports are diverse, mainly including the Socio economic development gap, national policy guidance, and the lack of fairness concepts. The realization path of the fair development of school physical education requires unified understanding, system maintenance, strengthened action implementation, and the establishment of an evaluation system. Building an independent "fair evaluation index system for school sports development" requires selecting indicators from existing school sports policy requirements, which are comprehensive, realistic, and forward-looking.

Keywords: Physical education; Sports Resources; Educational Governance

改革与创新：书写教育评价新篇章

——首届（重庆）教育评价国际会议综述

张晓亮　贾　玲　周师宇*

摘　要：深化新时代教育评价改革，对于支撑教育高质量发展、建设教育强国和办人民满意教育具有重要意义。2022年5月15日，重庆市教育评估院发起主办的以"教育评价的迭代与创新"为主题的首届（重庆）教育评价国际会议召开。会议认为，为了破除"五唯"顽瘴痼疾，引领教育发展的正确方向，教育评价迎来了迭代和创新发展的时期。教育评价要回归育人本位，制度变革要强化以评价牵引综合改革，教育评价的价值要凸显人才培养与赋能发展，评价实施聚焦全面科学的质量体系，与现代智能技术高度融合。

关键词：评价育人　人才培养　智能评价

---

* 张晓亮，重庆市教育评估院教育评价研究与数据中心副主任，助理研究员；贾玲，重庆市教育评估院教育综合评估所副所长，助理研究员；周师宇，重庆市教育评估院教育综合评估所助理研究员，重庆市"一带一路"教育评价中心副主任。

2020年，中共中央、国务院印发的《深化新时代教育评价改革总体方案》（以下简称《总体方案》），明确了教育评价改革的方向和重点任务，对于引导全党全社会树立科学的教育发展观、人才成长观、选人用人观，破除"五唯"顽瘴痼疾，扭转不科学的教育评价导向，建立科学的、符合时代要求的教育评价制度和机制具有重要意义[1]，为深化新时代教育评价改革提供了根本遵循。为深入贯彻落实《总体方案》，以评价改革为牵引推动教育高质量发展，以开放合作践行"双循环"战略，以协同创新服务教育发展新格局，2022年5月15日，由重庆市教育评估院发起主办的首届（重庆）教育评价国际会议在两江新区举行。会议以"教育评价的迭代与创新"为主题，采取线上线下相结合方式进行，共设1个主论坛，以及学前教育、基础教育、职业教育和高等教育4个分论坛。来自经济合作与发展组织（OECD）、北京大学、加拿大多伦多大学等30余位国内外教育评价专家，受邀分享教育评价改革与创新方面的成功经验，探讨以评价改革促进教育高质量发展的有效路径。

一 理论迭代：以育人为本位的价值回归

理论是在对事实的解释、经验的总结及实践的反思、批判和建构中产生、发展和创新的[2]。自2018年习近平总书记在全国教育大会上强调"扭转不科学的教育评价导向，坚决克服唯分数、唯升学、唯文凭、唯论文、唯帽子的顽瘴痼疾，从根本上解决教育评价指挥棒问题"[3]，教育评价理论研究一时成为焦点和热点。教育评价理论研究加强了对教育评价现实的批判、对教育理论的反思与重构，教育理论研究爆发了前所未有的活力。

重庆市教育评估院书记、院长刘云生认为，从19世纪后半期开始至今，产生并发展于西方的教育评价理论分别经历了以测量、描述、判断、协商建构为特征的四代，均统归于"认识价值"和"判断价值"的框架内。而当前，世界正处于百年未有之大变局中，我国正处于中华民族伟大复兴的历史大进程中，我们应当在此大格局中谋划党和国家的事业发展。教育对科技、人才培养和经济社会发展的支撑作用，达到空前高度。正是在这种背景下，教育评价应突破"认识价值""判断价值"的理论框架，向"促成价值""创生价值"延展，为教育高质量发展和教育强国战略的实现服务。他在报告中指出，教育评价理论在前四代发展的基础上，步入以"创生价值"为本质特征的第五代教育评价，将"认识价值"、"判断价值"和"创生价值"统一于一体。第五代教育评价既要回应社会发展的需求、教育发展的要求，也要遵循教育评价演进的底层逻辑，具有以育人为本位、智能为特征、服务为取向三个基本要义，注重发挥人的主体作用、机器的辅助作用，实现人机协同的智能评价。第五代教育评价实现了从"因评价而育人"向"因育人而评价"转换，从"单一主体单维度"向"多元主体多维度"转变，从"结果评价""过程评价"向"立体评价"升级，从用于鉴定、证明、改进、回应向全方位服务扩展，从"现行考试体系"向"教育评价体系"转化。第五代教育评价将管理者、教师、学生、专家以及家长等作为评价者，融入教育质量共同体，并作为判断者构建"关于教育的评价"，作为促成者构建"促进教育的评价"，以及作为创生者构建"作为教育的评价"。

杭州电子科技大学中国科教评价研究院邱均平教授、王姗姗研究员认为,近年来,部分高校出现了以发表 SCI 论文数、申请各类项目数多为根本目标的"唯论文""唯项目""唯奖项""唯职称""唯帽子"等"五唯"异化现象。教育的育人本质属性在被弱化,甚至被边缘化。基于此,通过哲学视角和教育学视角,对高校教育的功能定位作了新的发展,即教育性、学术性与服务性的"三位一体",这统一于立德树人根本任务,具体指向德智体美劳社会主义建设者和接班人的培养。所以,要以回归高等教育本质,紧紧围绕高校育人、教学、科研以及社会服务等方面为出发点,构建新时代高等教育评价体系,从立德树人成效、职能履行成效与社会贡献成效这三个维度,探讨了新时代高等教育评价体系构建的价值和依据,全面解析了由政治标准、业务标准和效益标准三个维度构成的"三结合"高等教育评价体系基本框架,提出了高等教育评估改革的新方向。其中,政治标准指向"为谁培养人、培养什么人",包含学校办学方向、课程思政建设、人才培养质量以及教师队伍建设等维度;业务标准指向"怎样培养人",包括教育教学、科学研究和社会服务;效益标准指向社会服务成效,包括学术影响力、经济影响力和社会影响力。

广西师范大学副校长孙杰远教授从文化的视角对高等教育评价作出了系统化建构。他围绕高等教育质量保障对经济合作与发展组织(OECD)、世界银行(World Bank)、世界贸易组织(WTO)和联合国教科文组织(UNESCO)四大组织等国际组织在标准制定、能力建设、信息共享等方面的规约和制度建设,以及美国、英国、欧洲及印度等国家和地区的高等教育评价的做法和经验作了介绍与分析。如美国的大学绩效评价、英国的高等教育质量保障、日本2014年启动的超级国际化大学计划等。他认为，中国高等教育经历短短几十年的发展，走过了西方国家上百年的甚至数百年的高等教育的历程，已达到普及化水平，形成了中国特色的高等教育制度。那么，建设具有中国特色的高等教育评估制度，是中国高等教育评价的必然选择。孙杰远教授从文化立场、文化使命和文化目的三方面的整体性文化视角来审视高等教育评价的本质、原理、方法和路径。他认为，基于文化立场的高等教育评价，是考察某一个国家、某一个地区或某一所大学的高等教育处在怎样的文化历程。我国高等教育评价应该坚持中国特色社会主义文化的立场，还要结合地方文化的发展脉络和特征，以及高等学校自身的文化发展，形成文化自觉。高等教育担负传承文化、改造文化、创新文化的责任或文化使命，评价一个国家、区域或一所高校，就是要评价其能不能为国家培养社会主义建设者和接班人，能不能为社会培养优秀的人才。高等教育评价的文化路径关注的是其对国家经济社会和政治发展的文化回应，正如斯塔福德·胡德（Stafford Hood）于1998年提出了"文化回应性评价"的概念，比如我国高等教育对民族文化认同实现的回应等。

经济合作与发展组织教育技能司司长安德烈亚斯·施莱歇尔（Andreas Schleicher）认为要更系统地思考学生学习因素的测评，例如，国际学生评估项目（PISA）关注了学生任务表现、责任感、自我控制、毅力、自我管理，包括抗压和乐观；关注学生的开放性，包括纯粹的好奇心和社交技能的创造力；还关注学习成绩、成就动机和自我效能感等。他分享了 PISA 测试中的部分发现。例如父母的情感支持是学生自我效能感的重要预测因素，是学生克服困难建立学习目标的动力。学生学业成就和学生成长心态在各国之间存在高相关性。他认为，如何协调学习和教育，评估是协调的核心，无法测评就无法改进，评估让不可见的东西变得可见。

二 制度变革：以评价牵引教育综合改革

党的二十大报告指出"教育、科技、人才是全面建设社会主义现代化国家的基础性、战略性支撑"，首次将教育、科技和人才作出一体化部署，凸显了教育的基础性、先导性和支撑性作用，为新时代教育事业发展明确了方向和要求。2020 年 6 月，习近平总书记在中央全面深化改革委员会第十四次会议上强调，"教育评价事关教育发展方向，要全面贯彻党的教育方针，坚持社会主义办学方向，落实立德树人根本任务"[4]。2021 年 3 月 6 日，习近平总书记在看望参加全国政协十三届四次会议的医药卫生界、教育界委员时强调，要围绕建设高质量教育体系，以教育评价改革为牵引，统筹推进育人方式、办学模式、管理体制、保障机制改革。而以《深化新时代教育督导体制机制改革的意见》（以下简称《意见》）和《总体方案》等为主体的教育评价改革系列文件，强化了教育评价制度的深度变革，以此更好地促进发挥教育评价的牵引作用。

中国教育学会秘书处秘书长杨银付从中国参与经合组织国际学生评估项目的四次结果分析，论证了我国教育质量的提升，以及我国教育已进入高质量发展的新阶段。从习近平总书记关于教育评价的重要论述和《总体方案》的设计与发布过程，介绍了我国以教育评价改革推动教育高质量发展的背景和总体思路。他认为，新时代教育评价改革具有引领性、系统性、统一性和可操作性四个方面的特征。在此基础上，他提出教育评价改革实施的四条原则。一是坚持正确方向。践行为党育人、为国育才使命，坚持正确政绩观和科学教育质量观，促进义务教育公平发展和质量提升。二是坚持育人为本。面向全体学生，注重综合素质评价，促进全面培养，引导办好每所学校、教好每名学生。三是坚持问题导向。完善评价内容，突出评价重点，改进评价方法，统筹整合评价，着力克服"唯分数、唯升学"倾向，促进形成良好教育生态。四是坚持以评促建。坚持实事求是、客观公正，强化过程性评价和发展性评价，有效发挥引导、诊断、改进、激励功能，促进义务教育优质均衡发展。

教育部基础教育质量监测中心副主任胡平平从教育质量评价的价值导向和实践探索两方面阐述了当前我国的教育评价制度。她认为，教育质量评价的价值导向就是引导聚焦教育教学质量遵循教育规律，服务教育决策以及改进教育教学管理，促进培养德智体美劳全面发展的社会主义建设者和接班人。在教育质量评价的实践方面，我国于2007年9月成立教育部基础教育质量监测协同创新中心，以习近平新时代中国特色社会主义思想为指导，全面贯彻党的教育方针，紧密围绕落实立德树人根本任务，以履行坚持标准、研发监测工具、提供技术支持和业务指导、具体实施全国基础教育质量监测工作为主要职责，推动扭转唯分数、唯升学等不科学的教育评价导向，引导聚焦教育教学质量，以全面客观的监测数据来支撑教育的决策服务，改进教育教学管理。她强调，协同创新中心自

2015年至今，开展了三轮国家质量监测工作，实现了监测学科全覆盖。通过出台《义务教育质量评价指南》《普通高中学校办学质量评价指南》《幼儿园保育教育质量评估指南》引领教育质量监测与评价重心的下移，实行学校自评、县级审核、市级全面评价、省级统筹评价和国家抽查监测的评价实施制度。

香港大学教育学院副院长杨锐以香港高等教育科研评估（Research Assessment Exercise，简称 RAE）为例，介绍了香港教育评估的相关政策。RAE 是大学教育资助委员会工作的一部分，鼓励开展世界级的研究并获得卓越成效；以国际基准开展了六轮（1993年、1996年、1999年、2006年、2014年、2020年）科研评估，每轮评估的 13 个评审小组就研究成果、影响和环境提交意见书，并以公众问责的方式，将补助金的部分研究拨款分配情况发布公告。科研评估的指标或内容主要包括三个方面。一是研究成果（权重为 70%），评审组判断研究成果是否符合最佳的国际规范和符合国际期望的学术标准，其评估的标准包括创意、意义和严谨；二是影响（权重为 15%），评估研究是否具有广泛社会相关性，以及经济和社会效益水平，其评估的标准包括影响范围和重要性两个方面；三是环境（权重为 15%），评估大学的战略、资源和技术设施对研究的支持。环境评估的具体标准包括活力及可持续性，要有利于产生世界领先质量的研究、具有国际优秀质量的研究、国际公认质量的研究以及最低限度的"有限质量的研究"。在透彻解析其具体做法的基础上，杨锐教授就其政策背景、评价措施以及学术和社会诸方面的效果加以深入讨论，并探寻香港的政策和实践对于内地高等教育评估的借鉴意义。

首都师范大学学前教育学院副教授刘昊认为，教育评价要建立自上而下的督导、监测、监管和自下而上的自我诊断与改进相结合的"复合型"质量保障体系。他将自我评价分为作为外部评估附庸的自我评价、作为一种管理活动的自我评价以及作为一种管理方式的自我评价三种类型。在此基础上，他论述了融入幼儿园日常管理的自我评价体系和制度。作为管理方式的自我评价，将自我评价的理念、原则、策略"渗透式"地运用到这些活动中，借由这些活动达到采集信息、自我诊断、持续改进的目的。更为重要的是，他提出了三个作为管理方式的自我评价的实施策略。一是树立评价思维。强调要重视非正式评价、评价标准的多元性、基于事实判断的价值判断，从而提升评价过程的理性水平。二是重构质量标准。加强幼儿园日常保教工作中早已具有"标准"性质的规范性文件的使用和转化，规避外部评价标准过分强调客观、一致、重在考责的不足，从政策导向和现实困境出发，通过专家和教师的积极参与，构建幼儿园园本质量标准。三是优化管理活动。把评价视为一种思维方式和工作方法，而不是独立于日常工作的一项额外任务，将其融入"常态化"的保教工作、保教管理工作当中来。

三 价值延伸：自主人才培养与赋能发展

教育评价事关教育发展方向，有什么样的评价指挥棒，就有什么样的办学导向，与"培养什么人、怎样培养人、为谁培养人"这一根本问题息息相关。基于此，教育评价的价值不再局限于判断学生发展或学校办学达到什么样的水平，更为重要的价值在于判断教育是否坚持了社会主义办学方向，是否承担起"为党育人、为国育才"的使命。正如怀进鹏部长在国家教育行政学院 2022 年春季开学典礼上指出的，教育要"融入国家经济社会发展大局，为国家竞争力储能、赋能和提能，使教育成为更好适应、支撑、引领经济社会发展'快变量'"[5]。因此，教育评价要引领和强化教育培养社会主义经济社会发展所需的人才，勇担为经济社会发展赋能的职责。

北京师范大学心理学院教授刘红云认为，学生核心素养是学生应当具备的未来发展以及社会发展需求的一个必备品格和关键能力，其测评是基于真实的复杂问题情境的设计，测查学生综合应用各种知识和技能解决实际问题所表现出的一系列复杂关键能力。例如，2012 年 PISA 测试，将问题解决能力的测评纳入国际大规模学生测试，记录学生操作模拟真实任务时所用到的策略、反应过程和反应特征等。而我国人机交互模式的新型测试手段的出现，可以更好地在测评过程中把握学生解决问题的真实情况。基于计算机的交互式测评具有仿真性和趣味性，能够激发学生的动机和投入，能够收集到相对于结果数据更为丰富的过程性数据，提升了核心素养测验的效度。人机交互式测评时记录学生行为的过程表现更加从容，学校和教师可从认知过程的角度去思考如何培养学生的核心素养及关键能力，这也是测评对于学生核心素养培养的促进。例如，可以通过日志所提供的完成问题解决过程的行为、语言、肢体动作以及所用的时间等多模态数据，帮助教育者更好地理解学生潜在的心智过程，以及提供和挖掘更加丰富的信息以了解解决问题的路径和行为模式。

重庆电子工程职业学院党委书记、教授孙卫平认为，职业教育是国民教育体系和人力资源开发的重要组成部分，肩负着培养多样化人才、传承技术技能和促进就业创业的重要职责。学院根据中国特色高水平高职学校和专业建设（以下简称"双高"）的要求与提质培优行动计划任务，结合学院的实际，制定校级年度发展性指标和核心指标。将发展性指标和年度核心指标层层分解到职能部门、二级学院、教师，最后作用到学生，开发职能部门考核实施方案、二级学院考核实施方案、基层党组织党建工作考核实施方案、"双高"考核实施方案、安全稳定考核实施方案、处科级考核实施方案和教职工考核实施方案，最终形成了1套发展指标+7套考核方案的学校考核体系。学院考核体系建设坚持引领性原则、发展性原则、系统性原则和关联性原则，在指标遴选中坚持点面结合、结果与过程结合、贡献与影响相结合落实综合评价，确保学校持续健康发展。在考核结果应用中，基层党建工作、"双高"建设和安全稳定三个专项考核与职能部门、二级学院处科级干部以及教职工考核关联，打造工作共同体，落实学院总体发展目标。

德国埃尔福特科技和经济职业教育学校校长乌沃·海博（Uwe Heiber）认为，德国职业教育质量保障主要从以下三个方面着手。第一，德国职业学校系统的法律、条例和程序性规定。职业教育基本法规定了职业资格认证的相关要求，明确将职业资格等级分为8个通用等级，规定学制结业后如要获得资格证书，需要达到四级或者五级资格。学校法规定了21岁以下的公民享有受教育的权利，以及规定了家长、学生和教师在学生在校教育过程当中的参与度。规章制度规定了一些特定的职业教育和培训课程的入学要求，如必须完成 12 年级的课程后才可以报名参与某项职业，还规定了职业教育与培训之后可获得的资格证明、继续教育和进修需要的前提条件，以及通过继续教育和进修可获得的资质认证证书等。除以上法律和规章制度的相关规定外，学校和企业的流程规定也是职业教育质量保障的重要内容。例如，学校流程规定了教师的工作量，德国教师每一学年的课时大约是 1000 个课时，一学年约 40 周，所以教师每周的工作课时约为 25 个课时；企业的流程规定了对于企业实训师的资格要求，以及跨企业教学的组织。跨企业教学是指承担学生双制企业教学的企业由于设备或者其他因素不能满足学生按照框架大纲完成教学计划，企业就需要付费组织学生到有培训资质的第三方机构参与学习，一般是行会或者其他的跨企业培训机构。企业的流程还规定了培训日志和考试的实施，这两项与结业资质考试紧密相连。第二，定期评估学生的表现。定期是指在更短的时间间隔里面，从各个方面去评估学生的表现。德国规定了定期评估学生专业科目所要求的分数次数，一般而言，一学期内 40 个课时的课要求给出学生 3 次分数，80 个课时要求给出 4 次分数，120 个课时则要求给出 5 次分数。定期评估学生表现可以是针对学生的课堂口头表现、书面随堂测试，也可以是实践操作所获得的检查评估表的评分。第三，结业考试。职业教育培养的学生最终要走向工业界和商业界的具体企业，企业理所应当对毕业学生的能力有所要求，因此，企业要参与学生的结业考试，并与职业学校的教师、行业协会的伙伴共同组成考试委员会。结业考试的内容包括认知目标（知识目标）、技能目标（实际动手操作）、情感目标（职业素养、安全意识、环保意识等）。结业考试分为两部分，共同构成结业考试的最终成绩。第一部分是在学生入学一年半或者两年后进行，考核学生的基本知识和基本技能的掌握情况，占结业成绩的比重为40%。第二部分是在学制结束的时候进行，考核的是加深和拓展的专业知识，实操考试环节设置的是典型的专业任务，还涉及典型的职业行为，占结业总成绩的比重是60%。

四 主题转变：聚焦全面科学的教育质量

教育评价围绕的核心始终是教育质量，关键在于教育发展的时代背景不同，人们对教育质量内涵的理解有所不同。进入新时代以来，提高教育质量是习近平总书记立足我国现代化阶段性特征和国际发展潮流提出的深刻命题[6]，教育质量以越来越高的频率出现在学者和公众视野，笔者通过中国知网文献可视化分析得出，以"教育"为主题和"质量"为题名的文献数量逐年增加，由2012年的5974篇增加至2022年的7578篇。此外，教育质量的内涵更加全面科学。教育质量由单纯以学生学业考试成绩和学校升学率为单一标准的质量，转向关注学生德智体美劳等核心素养和关键能力的发展情况；由关注学生学业成就、核心素养和关键能力的发展水平的结果质量转向过程质量与结果质量相结合的全面质量；由绝对质量向增值质量的转变，即对学生绝对成绩的关注向测量学校和教师在学生成长过程中的努力和贡献程度转变；由狭隘的内适质量向内适质量、外适质量和个适性质量相结合的综合转变[7]。教育评价改革应然地以全面且科学的教育质量为核心主题。

重庆市教育评估院副院长、研究员胡方认为，学前教育质量是指教育活动是否满足了幼儿身心健康发展的需要以及满足的程度。重庆市学前教育质量监测的维度主要包括结构质量、过程质量和结果质量。她认为学前教育质量监测是一种生态性的、综合的监测评价体系，综合性体现在两个方面：一是内容的综合，也就是将幼儿的整体发展和园所的全方位评价做综合，包含结构、过程和结果三大板块的全面质量；二是数据的综合，也就是任何一个质量维度的信息来源于多个维度的数据，既有结构质量的全样本监测数据，也有过程和结果质量的抽样监测数据，以及园长、教师、幼儿和家长的发展数据，实现了多角度、多方位的综合。

北京市东城区教育科学研究院党委书记、常务副院长郭鸿介绍了北京市东城区教育质量综合评价的经验，强调以质量综合评价改革为牵引，拉动区域教育综合改革和整体质量提升。教育质量综合评价以学生品德发展、学业发展、身心发展、审美素养、劳动与社会实践和学业负担为评价内容，形成了6个一级指标15个二级指标的评价框架。她认为，评价不仅是对学习作出评估，重要的是使学习变得更有意义和价值；不只是纸笔考试或告知分数，更重要的是采取与目标相匹配的多样方法，对学习过程和结果进行基于学习的处理、解释与反馈。在报告中，她强调数据在教育综合评价中的关键作用，认为评价数据是当前教育忠实的记录者，以信息技术和大数据为工具作为科学诊断教育、引领教育从而走向循证变革的重要突破口。

成都市石室小学总校长曾蓉指出，学校坚持以问题为导向，以科研为引领，以智慧教育为抓手，以自主研发为路径，积极探索"以入口看出口，从起点看变化"的增值评价，让学生看见自己的成长，使评价成为一种内在动力，让评价成为一种校园生活。学校构建了基于学生成长、教师发展和学校管理的"三位一体"评价体系，探索每项指标中综合素质的评价内容，变革评价方式和方法。以学生成长为例，学校从思想品德、学业水平、身心健康、社会实践、艺术修养五个方面进行探索，先后研制了"贤娃"成长册、社会实践评价册、劳动记录本等评价工具，以关键表现记录、激励性评语和增值性评价等方式，让评价时刻发生，让成长看得见。在学业水平的研究方面，主要从语文、数学、英语、体育四个学科进行了学业增值评价的研究，开发了小学生学业水平增值评价手册，创生了石室小学增值课堂评价卡，形成了学科学业发展双向细目表的作业评价系统。

日本福山市立大学教育学部儿童教育学科教授刘乡英介绍了日本学前保教质量评估的体制与实践。2018年5月至2020年5月，日本文部科学省组织专家成立了"关于提高幼儿教育实践质量研讨会"（以下简称"幼教质量研讨会"），并在《中间报告》中提出了对保育机构保育质量的7个层面的内容要求：①以保障学前儿童（0~6岁）的健康、幸福、成长、发展以及学习为核心；②保育所等学前保育教育机构为儿童提供与老师和小朋友互动、与事物和空间场所等互动的环境；③保育所等学前保育教育机构的教职员之间建立合作关系，教职员与家长建立合作关系，做到家园合作共育；④保育所等学前保育教育机构和班级的运营与管理；⑤保育所等学前保育教育机构的设施设备、游戏器具与玩具，素材或教材，教职员的配置及劳动环境、教师资格、班级规模等；⑥国家政府和地方政府为保育所等学前保育教育机构提供制度和机制保障（规定、管理、资金援助、支援、合作）；⑦以本土文化和社会背景为基础。在此基础上，刘乡英教授进一步介绍了日本幼儿园质量评价的内容维度，具体包括对教育目标、经营方针、课程体系、日常的教育活动、保育内容及实施、机构的运营管理等方面的评价。《中间报告》提出了提高幼儿教育质量6个支柱性策略——改善并充实幼儿教育的内容和方法、确保负责幼教工作的人才、提高幼教人才的素质和专业性、促进幼儿教育的质量评价、支援家庭和社区的幼儿教育、建立幼儿教育促进体制和在疫情扩大的情况下幼稚园等实施的具体举措。

五 手段创新：智能技术助力未来评价

人工智能、大数据、云计算等现代智能技术的不断发展和广泛应用促进了传统行业智能化发展和升级，其中包括教育领域的深刻变革和转型发展，推动了以人工智能为代表的"第四次教育革命"。智能化手段改进和创新教育评价的过程与方法、工具与手段，如通过利用各种智能技术实现数据的智能化采集、加工分析和可视化输出等。智能化教育评价强调教师、学生、家长乃至全社会参与其中，伴随式采集以学生成长为核心的全过程、全方面、全成员的数据，形成学校发展的"数据大脑"；强调及时动态并精准反馈学生综合素质、教师专业能力和学校质量的现状数据，并基于大数据提供可视化的评价信息服务，为教师智能化提供学情分析，为改进学校管理、课程设计和教学改革提供决策依据。

北京大学教育学院长聘副教授黄晓婷认为，当前人工智能领域的主要研究方向有图像或视频处理、自然语言处理、机器人学、机器学习、认知和推理、博弈和伦理。这些方法在教育实践中主要有四类应用，一是行为探测，即运用计算机视觉进行图像识别和处理，抓取重要的教学行为进行分析。二是学习结果预测，即通过抓取和分析学生在学习过程中的行为数据，建立模型并预测学生的学习结果。三是智能导师系统（IPS），即通过建立学习模型，给每个学生提供个性化的学习资料和学习方法指导。四是智能测评，一类是服务于传统的考试工作应用，如机器命题、智能监考、自动评分等；另一类则是基于数据挖掘技术开创的新型测评方式。人工智能应用于教育测评前和测评后。其中，机器命题和试题属性自动标记为主要方法，机器命题的基本步骤是先选定一道好的"母题"，然后将这道题目进行非常细致的分解，后建立题目模型；接着，计算机在语料库或者文本库当中提取和母题模型中各个元素一一对应的资料，并进行替换，最终完成机器命题。自动标记试题必须建立在优质、海量题库的基础上，入库的试题都需要事先标记好难度、内容等，这样才在考试中有的放矢地推送给学生。测评后以自动评分为主要方法，实现机器自动评分的主要方法是隐含语义分析和人工神经网络分析。在评分开始前，机器要先进行文本识别，即把学生手写的文字影像或者口述的音频内容转换成文本，随后再对该文本进行分析。当前出现的被称为"测量分析"（Measurement Analytics）的新型测评模式，不再需要原来的命题、施测等流程，而是从学生在线学习或者在线游戏等过程中挖掘出有意义的信息，提炼和分析学生真实的行为数据。这种信息挖掘是双向的，而不是单一地从数据出发，在进行数据挖掘的同时，还需要从心理和认知理论出发，建立变量提取和数据分析的理论模型。

重庆市教育评估院教育质量监测中心主任何怀金认为，面对大规模的教育质量监测，需要依托智能化的监测体系。重庆市教育评估院经多年研究，探索建立全息智能评价体系，将学生综合素质评价与智能化教育测评技术有机融合，该体系包含了立体的工具体系、智能化的测评体系和常态化的应用体系。就智能化的测评体系而言，教师和家长通过移动互联网技术，可以全过程、全方位、多层面地对学生的日常行为表现、学科考试成绩、心理测评结果、认知诊断结果、生理健康指标等各项数据进行采集，并经数据清理和分析，能够建立一系列的数据模型来描述学生成长和教育发展指标。依托智能评价系统，通过评估对象和评价指标的筛选，并在策略库的支持下，在系统内直接生成描述学生、学校和区域教育发展状况，以及改进策略的报告。

参考文献：

［1］翟博．新时代深化教育评价改革的根本遵循［N］．中国教育报，2020-10-29（6）．

［2］刘庆昌．教育工学：教育理论向实践转化的理论探索［M］．福州：福建教育出版社，2016：96-104.

［3］习近平出席全国教育大会并发表重要讲话［EB/OL］．（2018-09-10）［2022-11-06］．http：//www.gov.cn/xinwen/2018-09/10/content_ 5320835. htm.

［4］习近平主持召开中央全面深化改革委员会第十四次会议［EB/OL］．（2020-06-30）［2022-11-06］．https：//www.12371.cn/2020/06/30/ARTI1593518759124453.shtml.

[5] 国家教育行政学院举行 2022 年春季开学典礼 [EB/OL]. (2022-02-28) [2022-11-15]. http://www.moe.gov.cn/jyb_xwfb/gzdt_gzdt/moe_1485/202202/t20220228_603155.html.

[6] 教育部课题组. 深入学习习近平关于教育的重要论述 [M]. 北京: 人民出版社, 2019: 202-203.

[7] 张晓亮, 沈军, 胡方. 中小学素质教育质量保障: 内涵、特征与推进策略 [J]. 长江师范学院学报, 2022, 38 (06): 120-128.

Reform and Innovation: Writing a New Chapter of educational Evaluation

—Summary of the first International Conference on Education Evaluation (Chongqing)

Zhang Xiaoliang, Jia Ling and Zhou Shiyu

Abstract: Deepening the reform of educational evaluation in the New Era is of great significance for supporting the high quality development of education, building a powerful education country and managing people's satisfaction education. On May 15, 2022, Chongqing Education Evaluational Institute initiated and hosted the first International Conference on Education Evaluation (Chongqing) with the theme of "Iteration and Innovation of Education Evaluation". The meeting held that in order to break the stubborn problems of the "five syndromes" and lead the right direction of educational development, educational evaluation ushered in a period of iterative and innovative development. Educational evaluation should return to education-oriented. The reform of educational evaluation system should strengthen the comprehensive reform driven by evaluation. The value of educational evaluation should highlight the cultivation and enabling development of talents, which is highly integrated with modern intelligent technology.

Keywords: Cultivate Person by Evaluating; Personnel Training; Intelligent Evaluation

《教育评价研究》学术辑刊 2023 年征稿启事

为深入贯彻落实习近平总书记关于教育的重要论述和全国教育大会精神,全面落实《中共中央 国务院关于印发〈深化新时代教育评价改革总体方案〉的通知》(中发〔2020〕19 号)精神要求,重庆市教育评估院与社会科学文献出版社携手,以新时代教育评价改革为主题创办《教育评价研究》学术辑刊。2023 年《教育评价研究》正在征稿中,诚邀广大教育同人惠赐佳作!

一、辑刊简介

《教育评价研究》是由重庆市教育评估院创办、社会科学文献出版社出版的教育评价领域的学术性辑刊。辑刊以习近平新时代中国特色社会主义思想为指导,坚持创新性、前瞻性、学理性、现实性并重的原则,立足我国教育评价发展实际,紧跟世界教育评价发展趋势,聚焦教育评价的前沿研究成果,探索教育评价的理论与实践创新,为国内外教育评价研究、学术交流、成果展示提供一流平台。

二、办刊宗旨

《教育评价研究》学术辑刊以"育人为本 开放创新"为办刊宗旨。辑刊坚持立德树人，以培养全面发展的人为出发点，面向教育评价改革的挑战开展引领性、前沿性研究，加强教育评价学科的建设，推动教育评价理论与技术创新，健全教育评价体制机制，发表精品研究成果，建设富有时代特征、彰显中国特色、体现世界水平的教育评价体系。

三、栏目设置

卷首语，分析时下我国教育评价改革的政策，论述其价值与意义；探讨各级各类评价存在的焦点问题，反思与重构教育评价体系的观点。

理论前沿，教育评价基础理论研究方面的独到发现、见解、视角或厚实论述，体现前沿性与创新性。

热点关注，针对社会关注或政府重视的教育评价事件、重大研究进展等热点话题及难点问题实施科学论证与研究。

决策咨询，依托教育评价项目或任务，针对教育政策实施及教育实践中存在的问题建言献策。

技术指引，围绕"四个评价"、教育评价智能化、标准与工具研制、教育统计等探讨教育评价方法与技术创新。

经典案例，国内外、各级各类学校教育评价改革和创新实践的经典案例，推广教育评价实践的优秀经验。

互鉴交流，关注国内外教育评价机构、专业协会和智库教育评价发展和研究的进展；国内外教育评价会议或论坛的会议论文。

四、2023 年主题

2023 年辑刊的主题是教育评价的理论创新与实践探索。将从宏观层面、不同学科视角探讨教育评价改革的政策、理论和实践。

五、征稿内容

教育评价的政策分析

教育评价的理论创新

教育评价体系的建设

教育评价的实践路径

教育评价的国际视野

六、稿件要求

（一）论文要准确把握辑刊的栏目设置，增强选题、研究、撰稿的针对性，高度重视学术创新。

（二）来稿格式规范，须列明中英文摘要、关键词和参考文献（格式见附件 1），稿件字数原则上不少于 15000 字。

（三）稿件须注明作者姓名、工作单位、职务、联系地址和联系方式。

（四）论文须为未公开发表的原创学术论文。本刊反对抄袭或剽窃他人学术成果、伪造和篡改研究成果、一稿多投和重复发表等学术不端行为。

七、征稿说明

（一）本刊不收取版面费，稿件一经采用，将根据《使用文字作品支付报酬办法》支付作者相应稿酬。

（二）文章一经录用，不得撤稿。因作者撤稿给编辑部造成的期刊出版延误和经济损失，由作者本人承担。

（三）辑刊全年征稿，择优录取。投稿 2023 年辑刊的作者，请于 2023 年 5 月 1 日前，将研究成果发至指定电子邮箱：zgjypjyj@126.com。这之后投稿将在后续辑刊中选用。投稿三个月内没有收到录用通知的，可另投他刊。

（四）联系方式

地　　址：重庆市江北区观音桥欧式一条街兴隆路 20 号

联系人：张晓亮，023-67716165，17388224150

附件：1.《教育评价研究》论文撰稿格式
　　　2. 重庆市教育评估院简介
　　　3. 社会科学文献出版社简介

《教育评价研究》编辑部

2022 年 12 月 27 日

附件 1

《教育评价研究》论文撰稿格式

标题[*]
——副标题
作者[1]　作者[2]

摘　要：内容。

关键词：关键词 1……

Title

【英文题目采用 Times New Roman 字体、五号、加粗、居中。】

——subhead

【英文题目采用 Times New Roman 字体、小五号、加粗、居中。】

Author

【作者姓名采用 Times New Roman 字体、小五、居中，姓前名后，姓和名字首字母大写。】

Abstract：【英文摘要采用 Times New Roman 字体、小五，左对齐，

---

* 本文系课题……（项目批准号：×××）的成果。
　作者简介：作者 1（姓名），单位，职务和职称。
　　　　　作者 2（姓名），单位，职务和职称。

段首空两字。对"Abstract"加粗。英文摘要与中文摘要一一对应。】

Keywords：【英文关键词采用 Times New Roman 字体、小五、左对齐，段首空两字。对"Key words"加粗。英文关键词与中文关键词一一对应，之间用分号隔开，关键词每个单词首字母大写。】

【正文用宋体、五号字、单倍行距，段首空两字；英文为 Times New Roman，五号，1.3 倍行距】

一、一级标题【宋体、四号、加粗、段前段后空 0.3 行】

（一）二级标题【二级标题、宋体、五号、加粗、段前段后空 0.2 行】

1. 三级标题【三级标题、宋体、五号、加粗、段前段后空 0.1 行】
正文内容[i]20-23。

【参考文献采用尾注方式，在文献结尾处标注。文中标注采用正文加上标的形式：将序列号置于方括号内，方框外标注所引文献页码。字体为 Times New Roman。具体的：

- ✓ 按正文中引用的文献出现的先后顺序连续编码，并将序列号置于"[ ]"内。
- ✓ 同一处引用多篇文献时，将各篇文献序号在方括号内全部列出，各序号间用","隔开。
- ✓ 多次引用同一著者的同一文献时，在正文中标注首次引用的文献序号，并在序号的"[ ]"外著录引文页码。】

图片

图1　×××××模型示意图[2]46

【图片名称位于图片下方，全文统一编号，汉字黑体小五，英文 Times New Roman】

表1　×××××统计表

	横表头1	横表头2	横表头3
纵表头1			
纵表头2			
……			

【表格名称位于表格上方，全文统一编号，格式与图片相同；表格内容：汉字宋体，大小为8（介于小五和六号字体之间），英文 Times New Roman】

参考文献：【黑体，四号字】

正文参考文献的序号后面，统一不加"引文页码"，**序号从1起排到底**，相同出处在后面的参考文献中只体现一次"文献"。

［1］主要责任者1, 责任者2, 责任者3, 等. 图书名称：其他题名信息［M］. 其他责任者. 版本项. 出版地：出版者, 出版年：引文页码-页码.

［2］主要责任者. 文章题名［J］. 刊物名称：其他题名信息, 年, 卷（期）：引文页码.

［3］主要责任者．文章题名［N］．报纸名称：其他题名信息，年-月-日（版页）．

［4］析出文献主要责任者．析出文献题名［文献类型标志］．析出文献其他责任者//专著主要责任者．专著题名：其他题名信息．版本项．出版地：出版者，出版年：析出文献的页码．

［5］主要责任者．汇编题名［G］．出版地：出版者，出版年：引文页码．

［6］主要责任者．会议录题名［C］．出版地：出版者，出版年：引文页码．

［7］主要责任者．报告题名［R］．出版地：出版者，出版年：引文页码．

［8］主要责任者．学位论文题名［D］．发表地：发表者，发表年：引文页码．

［9］主要责任者．标准号 标准名称［S］．发布地：发布者，发布年：页码．

［10］专利申请者或所有者．专利题名：专利国别，专利号［P］．公告或公开日期．

［11］主要责任者．资料题名：其他题名信息，文件编号［G］//档案名称，档案号．存档地：存档者，存档年：页码．

［12］主要责任者．网络公告题名：其他题名信息［EB/OL］．（更新日期或修改日期）［引用日期］．获取或访问的网络路径．

附件2

重庆市教育评估院简介

重庆市教育评估院（以下简称"评估院"）成立于2009年，是重庆市编委批准设立、市教委直属事业单位，主要职能职责是：负责教育评估监测认证政策、理论、技术和标准研究；实施各级各类教育评估监测认证；建立教育评估监测认证大数据库并进行智能化挖掘分析，为政府提供决策咨询，为基层学校提供培训、指导等服务。

评估院是省级教育评估、监测与认证"三位一体"的教育评价机构，经过十余年的快速发展，拥有名列全国前列的教育评价实力，是中央教育工作领导小组秘书组秘书局委托开展全国教育评价改革监测的机构，是国家首批、教育系统唯一的社会管理和公共服务标准化试点单位，是首批获得国家师范类专业认证资质的专业机构，是重庆市批准的高校研究生联合培养实践基地。

评估院拥有先进的教育评价标准与技术。建立了一系列教育评价标准，研发的"义务教育均衡发展评估模型"获时任国务院副总理刘延东肯定性批示，相关指标体系至今仍在国家义务教育优质均衡发展督导评估中广泛应用；研发的《教育评估规程》（DB50/T 852-2018）地方标准经国家标准委备案公告实施；所研发的《基础教育质量监测规范》地方标准即将审定发布。同时，拥有国际PISA、TIMSS等项目的多种教育评价技术，先后向北京、广东、浙江、福建、吉林、贵州、江西、四川、甘肃、陕西等10余个省市输出教育质量监测技术，提供评估监测委托服务。

评估院拥有承接国家教育评价重大项目的经验。受教育部委托，一是开展中央重大教育政策实施网络评估，对全国31个省（区、市）和所有教育部部属高校落实情况进行评估；二是开展新时代教育评价改革情况监测，对全国各省（区、市）和各级各类学校落实《深化新时代教育评价改革总体方案》的情况进行监测；三是开展高等学校国别和区域研究培育基地（中心）评估，对全国高校中设立的42个基地和395个备案中心进行网络评估和抽样现场评估；四是开展"十三五"内地与港澳高校师生交流计划评估，对137所高校的1583个项目进行评估；五是开展内地与港澳中小学姊妹学校项目评估，对2000多个结对项目进行评估；六是代表国家开展师范类专业三级认证，承接了四川、广西、贵州、西藏、重庆等5个省（区、市）所有高校的师范类专业认证工作。

评估院拥有服务国家和重庆教育重大决策的成果。先后承担国家级、省部级课题和项目研究达90余项，成果获奖28项，出版学术著作15部。其中，所开展的"学生全息智能评价研究——面向2035的招生考试改革研究""互联网+背景下教育行政管理与服务变革创新研究""教育体制机制改革理论和实践研究""我国教育领域存在的制度短板和机制漏洞研究""中小学教育惩戒权研究""中小学民办教育发展趋势及政策建议研究""教育标准实施机制研究"等，为国家出台教育重大政策和法律法规提供了重要参考，受教育部和重庆市委托制定《学前教育条例》等政策法规50余件。

评估院拥有初步的国际国内教育评价影响力。"经合组织国际学校评价研究中心"落户评估院。与中国-泰国职业教育联盟签订战略合作协议，启动实施中泰职教联盟国际性课程建设认证、重庆市市长奖学金丝路项目——西南大学泰国教育官员及校长培训评估等项目。与深圳市龙华区教育科学研究院签订5000万元战略合作协议，筹建重庆市教育评估院深圳中心。先后承接国内12个省（区、市）的评估监测认证招标项目，为其提供教育评价专业服务，受到各地广泛认可。

附件 3

社会科学文献出版社简介

社会科学文献出版社成立于 1985 年，是直属于中国社会科学院的人文社会科学专业学术出版机构。自成立以来，特别是 1998 年实施第二次创业以来，依托于中国社会科学院丰厚的学术出版和专家学者两大资源。

社会科学文献出版社坚持"权威、前沿、原创"的产品定位，走学术产品的系列化、规模化、市场化经营道路，先后策划出版了著名的图书品牌和学术品牌"皮书"系列、获得国家图书奖和"五个一工程奖"的《世界沧桑 150 年——〈共产党宣言〉发表以来世界发生的主要变化》、《甲骨学一百年》、《二十世纪中国民俗学经典》以及"全球化译丛"、"经济研究文库"、"社会理论译丛"等一大批既有学术影响又有市场价值的系列图书，使社会科学文献出版社的知名度和美誉度日益提高，确立了人文社会科学著作出版的权威地位。

20 多年来，特别是自 1998 年实施第二次创业以来，在中国社科院党组以及中宣部、新闻出版总署的领导和支持下，社会科学文献出版社取得了令人瞩目的成绩，销售收入等主要效益指标取得了年平均增长 20% 以上的发展速度，已经从最初的只有十几个员工、几间办公室、十几万元的注册资金发展到今天拥有一支以年轻的博士、硕士为主体，以一批从社科院刚退出科研一线的各学科专家为支撑的130多位高素质的编辑、出版和营销队伍，构建了一个有很大上升空间的人文社会科学成果推广平台，总体上已经发展成为国内外有一定影响力的人文社会科学专业出版机构。

图书在版编目（CIP）数据

教育评价研究 . 第 1 期 / 刘云生主编 . --北京：社会科学文献出版社，2023.4
ISBN 978-7-5228-1721-7

Ⅰ.①教… Ⅱ.①刘… Ⅲ.①教育评估-文集 Ⅳ.
①G40-058.1

中国国家版本馆 CIP 数据核字（2023）第 066609 号

教育评价研究（第 1 期）

主　　编 / 刘云生

出　版　人 / 王利民
组稿编辑 / 谢　炜
责任编辑 / 宋　静
责任印制 / 王京美

出　　版 / 社会科学文献出版社·皮书出版分社（010）59367127
　　　　　　地址：北京市北三环中路甲 29 号院华龙大厦　邮编：100029
　　　　　　网址：www.ssap.com.cn
发　　行 / 社会科学文献出版社（010）59367028
印　　装 / 三河市龙林印务有限公司

规　　格 / 开本：787mm×1092mm　1/16
　　　　　　印　张：16.75　字　数：192 千字
版　　次 / 2023 年 4 月第 1 版　2023 年 4 月第 1 次印刷
书　　号 / ISBN 978-7-5228-1721-7
定　　价 / 89.00 元

读者服务电话：4008918866

版权所有 翻印必究